于春玲
品牌思维课

用品牌树打造持久竞争优势

于春玲 著

YU CHUNLING ON BRANDING
USE BRAND TREE TO CREATE
SUSTAINABLE COMPETITIVE ADVANTAGE

图书在版编目（CIP）数据

于春玲品牌思维课：用品牌树打造持久竞争优势 / 于春玲著 . -- 北京：机械工业出版社，2021.6（2024.5重印）
ISBN 978-7-111-68223-3

I. ①于… II. ①于… III. ①企业管理 – 品牌战略 – 研究 IV. ① F272.3

中国版本图书馆 CIP 数据核字（2021）第 088034 号

于春玲品牌思维课：用品牌树打造持久竞争优势

出版发行：机械工业出版社（北京市西城区百万庄大街 22 号	邮政编码：100037）
责任编辑：宋学文	责任校对：殷 虹
印　　刷：固安县铭成印刷有限公司	版　　次：2024 年 5 月第 1 版第 3 次印刷
开　　本：170mm×230mm　1/16	印　　张：16.25
书　　号：ISBN 978-7-111-68223-3	定　　价：79.00 元

客服电话：（010）88361066　68326294

版权所有·侵权必究
封底无防伪标均为盗版

| 赞 誉 |

（按姓氏笔画排序）

品牌体现的是企业技术、质量、服务和战略、经营、管理的总和，从中国制造到中国创造，必须打造中国品牌。于教授的新书提出了"企业三问"，并从品牌的战略高度给出了解题思路。本书凝聚了于老师的品牌理论研究成果和企业案例穿透式解读，相信对于每一个希望打造持久竞争优势的企业经营管理者，特别是董事长、总经理都会带来智慧和启迪。

——王兵　北新建材（000786）董事长

与于老师结缘在清华 MBA 的课堂，在于老师的鼓励下，我们一起把有道词典发展过程中的营销决策和打法整理成了 MBA 课程案例，在这个过程中我也有很多新的思考和收获。于老师严谨的学术态度、丰富的理论知识、深远的思想高度、乐观的生活态度都给我留下了深刻印象，让我受益匪浅。这本书凝结了于老师多年学术研究和教学工作中的思考，理论和实践并存，不仅有方法论，还提供了方法论的落地案例，会给每一个企业经营者在思考市场竞争策略时提供启发和帮助。营销工作是常做常新的，但万变不离其宗，这就是我们要读这本书的原因。

——刘韧磊　网易有道副总裁

打造品牌优势对企业来讲是一件意义深远的事情，是企业核心竞争力所在，更是中国制造进入国际化舞台并迅速崛起的关键所在。星云股份作为一家年轻企业，能从初创快跑至创业板上市，原因之一就是重视品牌战略。此次在公司重要转型升级过程中，有幸聆听了于老师的品牌思维课，更深以为然。

新时代下，企业管理者思想要从"我要我觉得"转变为"我要客户觉得"。围绕"贴近客户"这一诉求付出的努力才能在客户心中"开花结果"。"品牌屋"和"品牌树"是一套能很好地辅助公司品牌战略制定和策略落地的管理工具。如何努力比竞争对手做得更好？如何让目标顾客觉得企业比竞争对手做得更好？如何建立和保持持久的核心竞争优势？这都是管理者在确定品牌战略、品牌决策过程中需要系统思考的问题。相信此书能给管理者带来新的启发和思路。

——刘作斌　福建星云电子股份有限公司创始人兼总裁

针对VUCA时代的"终极三问"，于春玲教授通过9章的娓娓道来、11个鲜活案例和15年的贴身观察，勾勒出了新常态下的竞争态势，通过原创工具品牌屋、品牌树，锚定品牌的价值坐标，给出了世界难题的中国回答，帮助企业建立品牌思维，找到漫漫征途的战略罗盘。竞争所需者繁复，其紧要处不过一二，本书揭示的正是这样的"紧要之处"。如果你翻开本书，相信你跟我一样既能够从本书收获知识的滋养，也能够激发自己把梦想变成现实的决心。

——李三生　华夏航空股份有限公司联席总裁

《于春玲品牌思维课：用品牌树打造持久竞争优势》通过对不同

行业的优秀企业案例进行研究剖析，思考其领先于同行的核心成功要素，总结出差异化竞争优势的关键秘笈。于老师独特的思维和新颖的观点犹如茫茫大海中的灯塔，她用品牌树和品牌屋等原创的管理工具，为当今依然处于激烈市场竞争中不断摸索的企业，在品牌建设方面提供了有益的指导意见。我们企业在实际工作中应用了于老师品牌树的管理模式，竞争优势明显提升，本书确实具有超强的现实意义。

——李冬梅　如意控股集团执行总裁兼如意棉纺集团总经理

这是一本关于如何构建和提升企业品牌持久竞争力的经典力作。书中每一个案例的研判、思路碰撞、模型的构建，都是春玲老师"亲自操刀实践，精心智慧厘定，字字句句斟酌"的心血结晶。书写风格上依然保持着在清华课堂上讲授的"工具、案例、思路、方法"的逻辑风格。

没有客户心智资源的建立，其他所有资源都只能是成本。巴菲特也曾表达过同样的观点：能够获取客户强大的心智资源才是企业最重要的内在价值及"深深的护城河"。为此，"品牌树"和"品牌屋"模型为我们清晰地阐明了如何规划品牌资产，如何占领客户心智，如何创造更多客户来持续推动销售，建立持久竞争优势和品牌价值护城河。本书是新变局下企业品牌运营官的重要读本。

——李秉恒　搏实资本控股总裁

凡是经过时间考验的优秀品牌，胜出的关键都不是能低成本、大规模生产产品，而是能找到自己的那部分用户。于老师的新书对新经济时代的用户思维，进行了难得的穿透式解读，读过以后深感字里行间的睿智和真诚！

——李檬　IMS（天下秀）新媒体集团创始人兼董事长

品牌类的专著非常多，多了就不好写。尤其是当下，新消费品牌得益于数字化生存如鱼得水；效果广告领跑企业预算，品牌广告投放日趋削减，企业面对市场环境的巨大不确定做出了无奈且有必要的调整。在这样的趋势背景下对品牌战略战术做探讨显得尤为重要。作者提出的品牌屋、品牌树作为企业品牌建设的战略性指引及战术性指导管理工具让人眼前一亮，这是一部难得的好书！

——陈徐彬　《国际品牌观察》杂志总编辑、虎啸奖创始人、中国商务广告协会副秘书长

企业的使命就是创造顾客。在今天的商业世界，消费升级和竞争加剧同时存在，企业尤其需要做好创新和市场营销工作，而市场营销的核心就是品牌，于老师的品牌树理论帮助我们这些在市场一线的企业开启了一个新的视角，让我们少走弯路，多打胜仗！

——陈皞　深圳韶音科技有限公司创始人兼CEO

在自如成立刚三年时，于教授和她的团队便关注到自如并将自如的实践写成案例，将其编入清华经管中国工商管理案例库及哈佛案例库，她是真正长期将商业理论研究和企业创新实践深入结合的学者。本书为致力于不断发现和创造客户价值及树立真正持久竞争力和良好品牌的创业者、经营管理者提供了非常好的理论和案例实践指引，值得反复研读。

——熊林　自如联合创始人兼CEO

| 推 荐 序 |

很高兴于春玲教授的《于春玲品牌思维课：用品牌树打造持久竞争优势》一书出版。高兴的理由有两个。

（1）它是我们营销系的一项重要的案例研究成果。清华大学经济管理学院市场营销系现有12位教师，规模很小，却是在自由和多元的氛围下从事教学和科研，大约1/3的人研究消费行为（主要采用心理实验的方法），1/3的人研究营销策略（主要采用营销模型的方法），还有1/3的人研究营销战略（主要采用质性和案例研究的方法），各类研究在系里都会得到尊重和鼓励，分别为学院的使命"贡献中国，影响世界"做出贡献。其中，在心理实验研究、营销模型研究方面，已有近40篇论文在国际A+和A类顶级英文期刊发表；在质性和案例研究方面，也有10余篇论文在SSCI英文期刊发表，20余篇论文在国内A+和A类顶级中文期刊发表。这种研究方法多元化、各占1/3比例的营销系，在全球也是独一无二的，体现出我们系老师的远见卓识和服务中国的价值追求，我们没有模仿的样板，我们就是我们自己。于春玲教授的这本书，就是体现我们营销系案例研究特色的重要成果，作为系主任的我自然非常高兴。

（2）它是我同事的一项创新性的品牌研究成果。我和于春玲教授同事已有整整20年，她长期执著地聚焦品牌战略研究，主持多项国家级课题，参与多家跨国公司品牌方面的项目研究，在国际营销 A 类英文期刊和国内 A+ 类中文期刊有多篇论文发表，取得了诸多有价值的品牌理论和实践方面的成果，这本书凝聚了她 20 多年专门从事品牌研究的创新成果，也是她的第一本品牌专著。作为她的同事，我了解其研究和写作过程是徘徊踌躇、断断续续、改来改去、精雕细刻的，她真正做到了 20 多年匠心打造品牌研究领域理论性和实用性兼备的精品之作，自然为她高兴。①说它具有理论创新性，是指它从品牌管理角度，有逻辑地回答了"什么是品牌竞争优势""如何让目标顾客感知到品牌的竞争优势""如何重塑和持续保持品牌竞争优势"这三个品牌管理的基本问题，并且创建了打造和保持品牌竞争优势的"于春玲品牌屋"和"于春玲品牌树"两个重要工具，这是她的独创。②说它具有实用操作性，是指它是一项基于国际和中国本土经典成功品牌的案例研究成果，并且通俗地、有逻辑地进行说明和解释。本书有逻辑，有步骤，有工具，有案例，没有难懂的学术名词，没有枯燥的数学模型，没有误导人的神仙之路，毫不夸张地说，这是一本人人都读得懂的品牌管理书，囊括了在很多情境下都能应用的逻辑、方法和工具。

实际上，一个人、一个产品、一家公司，成功的关键因素就在于打造出并能持续保持品牌竞争优势，也就是使品牌能持续地给目标顾客一个选择和购买的理由并让他们感知到，而做到这一点，必须有逻辑地进行品牌思维、有逻辑地进行品牌表达、有逻辑地进行品牌行动。注意，这里的"逻辑"是指思维、表达和行动的先后顺序与因果关系。怎么才能做到逻辑思维、逻辑表达和逻辑行动呢？读读《于春玲品牌思维课：用品牌树打造持久竞争优势》，或许会给你带来意想不到的感悟和思路。

李飞

清华大学经济管理学院市场营销系教授、系主任

2021 年 3 月于清华大学经济管理学院舜德楼

| 前言 |

三个新难题

百年未有之大变局，一个崭新的商业时代已经拉开帷幕。产业发展和消费升级为众多企业的崛起带来巨大机会，但我们也看到一些企业正在加速衰落。这两类企业的本质区别在于能否准确识别和判断变化，尤其是不可逆转的趋势性变化，并找到新的抓手实现企业发展新旧动能的转换和竞争优势的跃升。

企业当前在商战中面临诸多挑战。日益加剧的同质化竞争和越来越挑剔的顾客，以及充满不确定性的商业环境，使企业建立核心优势、赢得市场竞争变成一场越发艰难且战果更难以持续的消耗战。

在清华大学经济管理学院高管教育和 EMBA 课堂上，我通常会请教学生们两个问题，因为他们是冲在市场最前线、距离炮火最近的战士。第一个问题是"相比 5 年前，你的仗是好打还是难打了"，第二个问题是"展望未来 5 年，你觉得会怎样"。这些年，我得到的答案几乎没有改变过而且越来越趋同："难""更难"。

为什么难？为什么更难？因为市场已经发生了不可逆转的趋势性变化。而且，不难判断，这些变化未来会持续下去并愈演愈烈，我们称之为"市场新常态"。"常态"是因其不可逆转，不是暂时的、忍一下就能度过的。"新"在于这个已经到来的常态是企业之前未曾经历过的。市场新常态的三个重要特征是：激烈的同质化竞争、难满意不忠诚的顾客、充满不确定性的商业环境。

随着崭新时代的到来，曾经遍地是机会、凭借快速跑马圈地就可以生存发展的日子已一去不复返了。越来越多的行业从短缺变成过剩，竞争变得异常惨烈。无疑，企业需要全新的营销思维和管理工具应对正在变迁的市场新常态。

寻找答案之前，能够清晰定义问题更为关键。

2000多年前，古希腊思想家柏拉图为人类提出了三个哲学问题："我是谁？我从哪里来？我到哪里去？"每个人都在用毕生时间探究自己的答案。可以说，一个人能否对柏拉图三问做出正确回答，决定了他/她能否拥有幸福的一生。身处变迁市场中的企业，也到了思考类似重要问题的关键时刻。**如何努力比竞争对手做得更好？如何让目标顾客觉得企业比竞争对手做得更好？如何建立和保持持久的核心竞争优势？** 每个企业只有清楚认识这三个问题，并努力寻求答案，才有可能找到红海逃生之道。

第一个问题，如何努力比竞争对手做得更好？显然，问题的关键词是"好"。因为努力虽然重要但已非最重要，可以说今天尚有资格参与竞争的企业谁敢不努力，所以问题的关键在于努力的方向是否正确。方向错了，越努力结局越糟糕。那么，努力的方向是模仿竞争对手吗？显然不是，过度对标竞争对手是有"毒"的，很容易使企业陷入同质化的竞争红海。所以，我们想告诉企业，尤其是那些深陷同质化竞争、难以自救的企业：暂时忘掉竞争对手吧。

企业努力的方向有且只有一个，那就是创造顾客。放眼今天商业世界中的卓越企业，哪一个不将顾客导向奉为神谕并彻底践行？随着消费升级，顾客需求逐渐从现实需求演变为潜在需求。实施顾客导向的难度系数提升，企业需要比顾客更深入理解顾客自己尚未明晰的潜在需求。如何清晰洞察目标顾客的潜在需求？如何培养顾客导向的经营文化和核心能力？如何将企业资源聚焦于目标顾客？如何建立迅速积极响应顾客需求的管理流程？解答好这些问题将帮助企业在喧嚣的竞争中获得定力。

第二个问题，如何让目标顾客觉得企业比竞争对手做得更好？这个问题的关键词是"觉得"。顾客是终极裁判，他们的评判标准是自己的主观整体感知。因此，对于企业来说，努力比竞争对手做得更好很重要，但更重要的是努力得到顾客认可。相比于付出了多少努力，有没有让目标顾客觉得企业比竞争对手做得更好才是更重要的。

如何在目标顾客心智中建立差异、显著、有意义的品牌感知？如何将产品和服务的客观属性转化为顾客的主观感受？如何从顾客的"选择之一"，发展为"第一选择"，直至"唯一选择"？这三种"选择"在过去供不应求的市场中可能差别并不大，但在今天的竞争红海中已然迥异。只有占据顾客心智，不断升级与顾客的关系，才能摆脱被顾客放在并不客观的天平上时刻与竞争对手反复比较的局面。

第三个问题，如何建立和保持持久的核心竞争优势？正确回答了前两个问题的企业会获得阶段性竞争优势。但是，面临不确定性越来越高的商业环境，竞争优势"持久"且"无法被模仿"变得至关重要。企业今天的努力是为了明天能够站在更高的层次俯瞰商业世界，而不是经年累月将精力消耗在低水平的同质化竞争上。正如华为的一句广告语所言，"不在非战略机会点上消耗战略竞争力量"。

因此，企业需要思考，目前建立的竞争优势是竞争对手想学但学不去，"黑天鹅"和"灰犀牛"毁不了，随着时间的推移不但溜不掉反而还会增长的吗？如何让"永远被模仿，从未被超越"成为现实？如何让阶段性竞争优势不断累积和生长？对于这些问题，不仅已有一定竞争优势的企业需要思考，正在为建立竞争优势而努力的企业也要提前做出研判和选择。

过去的 15 年，我们追随优秀的企业走过了探究之旅，成果就是这本书。我们到企业的实践中去寻找答案，针对我们研究的每个案例企业，思考它们解答上述三个问题时遇到的挑战和做出的实践。通过持续深入的调研，我们记录了以下企业的努力：农夫山泉、北新建材、荣威汽车、网易有道、中升集团、六神花露水和自如。其中很多企业已被我们持续追踪研究 10 年以上，这让我们清晰看到它们在应对市场新常态到来及演变过程中的思考。我们也借鉴了其他中外学者的纵深案例研究，如三星电子、星巴克等，我们还从媒体对阿里巴巴、华为、苹果等公司的报道中收集了大量素材。这些案例中，既有传统企业在新时代如何保持或重构竞争优势的情况，也有在新兴网络经济中诞生的新公司如何运用网络和科技创造崭新机会的内容。

我们研究的案例企业在所属行业、发展规模、知名度等方面非常不同，相同的是它们都面临市场新常态提出的三个问题。所以，**本书关注的焦点并不是案例企业本身，也不是它们当前取得的成绩，而是它们对三个问题的思考及实现竞争优势跃升时所采取的战略行为**，这些思考恰恰是千千万万在市场新常态中寻求解决方案的企业所关注的。作为学者，我们的责任是将我们对这些企业所采取的战略行为的每一点观察和感悟提炼升华，形成管理工具，帮助面临市场新挑战陷入困惑的企业重新审视自己所处的竞争环境，并促成系统的战略行为。

我们的思考越来越清晰：**商业环境变化越快，企业越需要建立和保持持久的竞争优势**。风不止，树却要定。这就要求企业首先学会创造差异化的竞争优势，并善于将阶段性竞争优势转化为具有持久性的标的，使其不断累积和生长，从而逃离竞争红海。案例企业的实践将我们的视线引向一个越来越清晰的标的：**建立能够占据目标顾客心智的品牌及围绕品牌营造的生态**。品牌并非新概念，但缺乏能够有效指导企业将品牌思维扎实落地的、系统化的管理工具。

通过还原案例企业的决策场景，尤其是面临的困境和可能的战略选择，及它们采取的战略行为与长期影响，我们得以重新思考在市场新常态中，品牌对企业战略转型的重要作用。尤其是当我们聚焦企业今天共同面临的三个问题，将所有案例企业在关键决策时点的战略行为编织在一幅图景中时，我们获得了让品牌思维落地的系统思考。企业需要通过理解目标顾客的需求，找到自身资源和能力的发力点，才能使努力更有效率，比竞争对手做得好；同时还需要将自己的"好"传递给目标顾客，成为顾客的"选择之一""第一选择"直至"唯一选择"。在后续发展中，企业通过不断创新品牌价值、形成品牌组合、建立品牌生态，保持和延展竞争优势。

为了便于理解、方便落地，我们提供了两个管理工具。"品牌屋"**帮助管理者制定企业层面品牌决策**，确定品牌战略目标，打造核心能力，蓄积关键资源，构筑品牌护城河。"品牌树"则借用植树理念，**指导管理者在产品/业务层面思考品牌决策**，将短期销量目标与长期品牌目标结合起来，建立持久竞争优势。

我们将本书献给那些希望突破红海竞争桎梏，在市场新常态中建立和保持持久竞争优势的企业管理者。无论你关心的对象是整个企业，还是某项业务或产品，无论你的企业是处于初创期、转型调整期还是持续发展期，"品牌屋"和"品牌树"都可以为你提供应对市场新挑战的新的思考方式和管理工具。

本书结构如下。第一章论述面临新挑战，企业如何依靠品牌实现竞争优势跃升。第二章论述如何将品牌思维融入企业战略策略，并介绍品牌屋和品牌树。第三章至第六章的主题是采用品牌树工具，如何在产品/业务层面规划和建设品牌。其中，第三章论述如何与目标顾客产生强关联，培育占据顾客心智的品牌树，使企业的每一分努力都指向比竞争对手做得更好的方向，即规划品牌树。第四章论述如何将企业的客观表现转化为顾客的主观感知，让目标顾客觉得企业比竞争对手做得好，在目标顾客心智中种植品牌树。第五章论述社交媒体时代应对顾客接收信息方式的变化如何进行有效的品牌沟通，利用社交媒体时代信息传播和接收的特点种植品牌树。第六章论述如何借力利益相关者为品牌树的生长营造良好的内外环境。第七章和第八章论述如何养护品牌树，培育品牌林和营建品牌生态。其中，第七章聚焦品牌树随环境变化如何适应性生长和创新，即养护品牌树。第八章讲述如何平衡市场聚变融合产生的机会和高度不确定性带来的风险，通过培育品牌林享受业务多元化带来的红利，通过营建品牌生态获得开放、跨界破圈的能力，即育品牌林和建品牌生态。第八章还论述了如何将产品/业务层面的品牌决策与企业层面的品牌决策融会贯通，将品牌树纳入品牌屋。第九章提供品牌测评系统，帮助企业管理者及时把握品牌建设的成效，时时反思迭代。

各章内容均紧密围绕该章要解答的问题，通过解读一两个案例，还原案例企业管理者当时面临的决策场景、思考及采取的战略行为，深入剖析引发积极变化的战略行为背后的原理及规律，以企业当前面临的三大问题为纽带，将有效的战略行为编织为一套系统的分析框架与工具。我们的目的不仅仅在于引发企业对自己当前困境的深刻反思，更希望告诉企业如何采取正确的战略行为，从而系统地应对挑战。读者可以依照章节的顺序阅读，也可以挑选感兴趣的章节进行有针对性的阅读。

本书能够与读者见面，要感谢一路陪伴我的人。感谢我的博士导师赵平教授，是您在 21 世纪初高瞻远瞩地望见品牌对中国企业发展的重要作用，建议我在此领域做深入研究。感谢李飞教授，您以多年对中国本土企业营销实践的观察和对企业高管面临问题的深刻了解，鼓励和帮助我从企业管理人员的视角审视品牌管理问题，重要的是您对品牌树工具提出了改善建议，并且鼓励和鞭策我写作此书。感谢符国群教授、范秀成教授受邀来清华大学给我们几位博士生授课，启发了我对品牌的研究和思考。感谢王海忠教授在清华大学做博士后研究期间与我合作，引导我将西方品牌理论与中国市场情境相结合进行研究。感谢王兴元教授，您的品牌生态和文化理论启发我拓宽思考范围。感谢朱恒源教授，您在我们共同执教的多个教学项目中激发了我的灵感，让我汲取榜样的力量，并支持本书从萌芽到出版。感谢中国三星电子，在聘请我担任品牌管理委员会委员期间，让我近距离观察一家伟大的跨国公司的品牌管理实践。时任中国区社长的朴根熙先生每次都在品牌管理会议上坦诚地与委员们探讨三星品牌面临的决策问题，这使我受益匪浅。感谢本书提及的案例企业，让我能跟随你们思考离市场炮声最近的问题，以及向你们学习实践经验，你们的努力让我看到中国企业管理者建设品牌的决心和能力。感谢我的案例研究伙伴毛川江，你的认真细致帮助我从容应对繁杂的案例一手信息。感谢机械工业出版社的编辑们，你们坚持做好书的专业精神给予了我信心和动力。感谢清华大学经济管理学院高管教育和EMBA项目的同事，你们的鼓励让我感受到家人般的温暖。感谢我的学生们，你们让我享受到身为教师的幸福与荣耀。没有你们，就没有这本书。

于春玲

2020年9月26日于清华园

| 目录 |

推荐序

前　言　三个新难题

第一章 | 用品牌实现竞争优势跃升　　　1

三星电子：从濒临破产到成为世界最有价值品牌　　2
产品和品牌哪个更重要　　2
让顾客带领你前行　　4
从广为人知到真正青睐　　6

竞争优势跃升：品牌是抓手　　10
顾客导向，别人家的孩子？　　11
难题怎么破解　　14

成为唯一选择：占据顾客的心智　　16
冲出群氓陷阱　　16
只为可能爱你的人　　19

做时间的朋友：持久力　　21
存异求同　　21
守正笃实　　23

第二章 | 让品牌思维落地　　26

北新建材：制高点品牌战略　　27
　　专注主业还是多元化　　28
　　实施品牌战略　　30
　　构筑品牌护城河　　32

品牌：战略资产而非战术工具　　37
　　在战略高度重新思考品牌　　37
　　品牌始于顾客感知　　40
　　品牌创造价值的路径　　42
　　越来越重要　　44

品牌屋：在企业层面实施品牌决策　　47
　　企业层面五层品牌决策　　48
　　谁来做首席品牌官　　53

品牌树：在产品／业务层面实施品牌决策　　55
　　三个关键词　　56
　　品牌树的内涵　　58

品牌树—品牌林—品牌生态　　61

第三章 | 与目标顾客建立强关联　　64

星巴克：粉丝比流量重要　　65
　　"三好"咖啡的坚守　　66
　　植树而非种草　　68

农夫山泉：与顾客建立强关联 — 69
- 抓住两个关键点 — 70
- 围绕主干有序生长 — 72
- 理性与感性兼顾 — 73
- 从品牌树到品牌林 — 74

品牌核心价值：建立与顾客关联的基础 — 76
- 品牌建设一定要有"宪法" — 77
- 忌"多"和"变" — 80

遴选品牌核心价值：三力筑牢顾客关联 — 82
- 吸引力 — 83
- 传达力 — 83
- 防御力 — 84

品牌联想的不断丰富：有序强化顾客关联 — 85
- 从"至简"到"至繁"再到"至简" — 85
- 理解树冠的结构 — 88
- 比顾客更懂顾客 — 89

闯关游戏：规划你的品牌树 — 92

第四章 | 将客观表现转化为主观感知 — 95

苹果：《1984》与《非同凡想》 — 96
- 比创意更重要的是意义 — 97
- 制造剧场感 — 98

不能在第二次给人第一印象	100

荣威550：惊艳上市　　101

建品牌冲出红海	102
先占据顾客心智	103
让品牌树长出丰满树冠	105
用母品牌背书	107

植树工具：品牌策略组合　　110

品牌形象识别体系：让品牌元素发声	110
营销策略：让目标顾客感知"好"	112
外部资源：善加利用	114

植树法则：统领与整合　　116

要有整体图景	116
策略之间需匹配	118

兼顾短期和长期目标：两手都抓　　119

第五章 ｜ 社交媒体时代的有效沟通　　122

网易有道：营销成为第三核心竞争力　　123

不烧钱也能获取流量	124
将流量转化为粉丝	126
从线上到线下全覆盖	129

新媒体工具选择：迎接碎片化　　132

善于归类便不复杂	132

巧拼沟通七巧板	133
全面覆盖目标顾客	137

互动时代的沟通：你讲我也要讲　　138

激发互动	138
场景化持续沟通：润物细无声	139
懂产品的市场团队不缺创意	140

借势 UGC：共创价值　　142

评价沟通效果：兼顾广度和深度　　143

广度和深度都重要	144
以阶段性品牌目标来衡量	145

第六章 ｜ 借力利益相关者　　148

中升集团：终生伙伴　　149

有质量的规模	150
顾客终生价值	152
锻造品牌使者	153
珍惜供应商	155
诚信为本	157

借力利益相关者：君子善假于物　　158

利益相关者	159
由顾客定义事业	161

让员工成为品牌使者：建立品牌文化　　163

让员工深信不疑	164
品牌良性循环圈	166
规范品牌接触点的行为	169

第七章 | 保持品牌成长与创新　　171

六神：夏天从未离开　　172

一招鲜，吃遍天	173
当中年危机真的来临	175
唤醒品牌记忆	177
守得住经典，当得了网红	178

持续生长：丰富品牌感知　　181

延展和深化顾客品牌感知	181
提升品牌价值的可见度	183
让竞争者的模仿成为品牌更优秀的证明	185

延展：从品牌到品类　　186

从现有顾客角度着想	187
提升品类影响力	188

第八章 | 建设品牌生态　　190

自如：创造高品质租住生活　　191

需求是创业最好的出发点	192
从 1 到 N	196

永不止步	198
增长背后的逻辑	200

多元化红利：建立品牌组合   202

在资源允许的情况下扩大影响力	202
旧瓶装新酒	204
一致的定位	206
谨慎命名	206

平台的力量：建立品牌生态   207

品牌树与品牌屋：融合产品/业务层面与企业层面的品牌决策   210

第九章 | 测评品牌的表现   213

三星电子：对营销投入效果心中有数   214

有据可依	215
用数字说话	218

品牌测评系统：多维度   221

产品品牌测评	222
公司品牌测评	224

对标最佳实践：有的放矢   225

结语 | 源自企业实践的思考   229

参考文献   234

第一章
用品牌实现竞争优势跃升

"在我看来,经济危机使三星认识到,我们需要一种体系,以创造三星独有的、兼具适应性与持久性的价值主张,以及区别于竞争对手的产品。"

——金炳国(Eric Kim,1999~2005年任三星电子全球营销执行副总裁及首席营销官)

针对变迁的市场为企业提出的三个重要问题，我们找到的答案是：建立能够占据目标顾客心智的品牌及围绕品牌营造生态。那么，为什么是品牌？品牌是如何做到的？品牌如何帮助企业努力比竞争对手做得更好？品牌又如何让顾客觉得企业比竞争对手做得更好？为什么品牌创造的优势能够随时间推移不断增长，最终帮助企业在红海中突围，实现竞争优势跃升？

本章通过审视品牌在企业升级发展，尤其是战略转型的关键时刻，如何发挥重要作用，对上述问题做出解答。

三星电子：从濒临破产到成为世界最有价值品牌

在 2020 年 Interbrand 公司发布的世界最有价值品牌排行榜上，三星电子是第 5 名，品牌价值为 622.89 亿美元，比 2019 年增长了 2%[⊖]。很难想象这家公司在 1997 年亚洲金融危机时曾濒临破产，然而正是从那时起，三星电子以品牌作为企业变革的有力抓手，实现了逆袭，为后续几十年的发展奠定了坚实基础。

产品和品牌哪个更重要

成立于 20 世纪 60 年代末的三星电子最初从生产黑白电视机起步，后来发展为大型原始设备制造商（OEM, Original Equipment Manufacturer）。少帅李健熙掌舵后提出"新经营"，希望将三星电子塑造成全球商业领袖，要求重新思考公司核心的经营理念，引导公司致力于生产优质产品和创新。

⊖ 资料来源：http://www.interbrand.com/best-brands/best-global-brands/2020。

然而,"新经营"刚有起色,亚洲金融危机就爆发了。三星电子遭受重创,当年(1997年)销售额为160亿美元,债务却高达150亿美元,公司到了生死攸关的时刻。为什么强大的制造能力在来势凶猛的金融危机面前不堪一击?沉浸在产品思维中的三星电子高层顿时警醒,仅有优质产品是不够的,缺乏差异化的产品即使质量再好也很容易被顾客抛弃。

痛定思痛,一贯重视技术和制造、习惯于从产品出发做决策的三星电子认识到,专注用比竞争对手低的成本生产质量可靠的产品,并依靠规模经济抢占市场份额的经营法则正在逐渐失效,即使没有遭遇金融危机也是如此。金融危机只是导火索和加速器而不是本质原因,本质原因在于公司过去秉持的生产驱动型经营理念已经遭遇重大挑战。面对日益激烈的竞争和需求不断变化的顾客,公司必须将目光集中到顾客需求及提升三星品牌在顾客心智中的形象上,尤其是要建立三星品牌的独特价值,在企业内部管理上则必须启动相应职能使企业逐渐建立顾客需求驱动的思维和能力。

过去,三星电子只在乎销量,对打造品牌形象毫无意识和兴趣,即使偶尔谈到品牌也是在讨论做什么广告和促销活动。营销预算掌握在各位产品经理手中,他们为了完成短期销售目标,将营销预算用于各种促销活动,几乎没有一位产品经理会想到要对长期品牌建设投入资金。这很容易理解,销量目标驱动短期行为,每位产品经理都做出了看似正常、合理的选择。但是这样做的结果从企业整体层面看则是灾难性的:三星电子当时虽然拥有17个产品业务部门,产品遍布全球200个国家或地区,但对于全球市场的顾客来说,三星品牌所蕴含的信息是零散的,品牌呈现缺乏连续性,品牌标识都不一致。各业务部门在全世界所使用的广告代理商竟然超过55家，广告宣传中使用了至少20种不同的宣传口号。

三星电子高层第一次从品牌的视角反思李健熙"新经营"改革的实效。事实上，已经进行了几年的"新经营"的确提升了三星电子的技术研发和制造能力，但这些能力在猝不及防的金融危机面前不堪一击。即使没有爆发金融危机，如果从产品的市场售价角度评估企业的投入产出效率，三星电子的投入和能力也远远被市场低估，空有一身本事却卖不出与之配称的价格。三星电子为什么不能像当时如日中天的索尼那样，凭借品牌在市场上获得更高的利润呢？

品牌这个崭新且陌生的词开始进入三星电子高层的思考范围：如何用品牌引领公司补上营销短板，进而实现公司的成功转型？时任三星电子副董事长的尹钟龙要求公司在所有领域调整工作重心，目标从"廉价的通用产品制造商"转变为"具有高附加值的品牌商"。这次创新转型的方向是增加产品的附加价值，让三星品牌，而不仅仅是三星的产品在市场上发声。

尹钟龙通过全球市场招聘，聘请金炳国担任三星电子全球营销执行副总裁及首席营销官。金炳国的使命非常清晰明确：在全球市场建立三星电子的品牌形象。出生于韩国的金炳国在美国科技和消费电子行业拥有成功的职业经历。他来到三星电子后迅速组建了全球营销组织，并提出明确目标：5年后跻身世界最有价值品牌排行榜前10名。

让顾客带领你前行

作为生产驱动的公司，三星电子非常重视研发和生产，高层的这种经营理念使企业中形成忽视营销和顾客需求的公司文化。而建设品牌必须重视顾客，关注品牌在顾客心智中的形象。这是经营理念的重大变化，如何在全公司范围内实行顾客需求驱动的变革，成为以品牌撬动新经营转型的重要起点。金炳国在专业市场研究公司的协助下进行了深入广泛的顾客研究，从全球各区域市场顾客与三星电子的品牌关系，及与竞争对手品牌关系的视角分析三星品牌的表现和改进方向。

顾客研究的发现引导三星电子管理层重视顾客需求，将对顾客需求的理解融入新产品开发过程，改变了过去仅模仿同类竞争产品或跟着工程师感觉走的研发思路，颠覆了单纯关注技术和生产制造的经营理念。同时，顾客需求驱动的变革在深入洞察顾客需求的过程中，不仅仅关注顾客当下的需求，更关注需求的未来变化。由此，三星电子决定依照未来消费趋势开发产品和塑造品牌形象，而非仅仅迎合顾客当下的流行风尚。

可想而知，这场变革最初并不容易。如果说，新经营变革的早期阶段是对研发和生产体系的提升和夯实，符合原有经营理念，那么此时想要实现建设品牌的战略目标，则需打破三星电子从管理层到普通员工过去对技术和生产的思维路径依赖，重构崭新的重视顾客需求的经营理念。

金炳国巧妙地通过打造一系列爆款产品，证明了用顾客需求驱动研发的正确性。在洞察顾客需求的过程中，三星电子发现了一些愿意为某个功能性或美观性的创新设计支付更高价格的顾客，金炳国要求研发部门针对这些细分市场的独特需求开发创新产品。例如，三星电子在 2001 年为注重时尚的女性开发了世界上第一款双屏翻盖手机，这款手机大受欢迎，9 个月实现 7.5 亿美元的销售额，成为当年爆品。

此后，三星电子研发部门陆续推出众多顺应顾客需求趋势的创新产品，并获得市场认可，三星电子尝到了以品牌推动企业战略转型的甜头。2002年，三星电子获得五个卓越工业设计方面的奖项，销售额达到446亿美元，实现净利润59亿美元，股票价格从1997年到2002年短短几年间上涨了10倍，一跃成长为亚洲最大的电子企业。

建立了顾客需求驱动的研发流程后，金炳国开始思考三星电子的品牌传播。他将原来散布在各产品业务部门的广告业务整合给同一家广告代理商（FCB），以便向全球市场传达统一的品牌信息。公司确立了三星品牌标识和展示方式的指导原则，将其应用于包括信函页眉、产品包装、宣传海报在内的所有需要使用三星品牌标识的场合。公司的营销预算分为两部分：全球营销部掌握40%，用于在全球范围宣传三星的品牌形象；分布在全球的17个业务部门掌握60%，用于支持面向顾客的促销活动。同时，全球营销部根据顾客研究的结果，就如何在相应国家和产品领域分配营销预算，向区域总部及各业务部门提供建议。

很快，以品牌撬动"新经营"转型，建立顾客需求驱动的经营理念收获了成效。在充分洞察顾客需求的基础上，公司进入液晶电视机和手机等新兴产品领域，并在所有产品领域中，成为全球市场份额前三强。另外，不同于其他只生产消费电子产品的企业，三星电子还生产针对企业顾客的闪存芯片，而且市场表现不俗，已跻身第一阵营，仅次于市场份额第一的英特尔。

从广为人知到真正青睐

此时，在全球消费电子产品市场，三星品牌已广为人知。通过对品牌战略内涵的进一步理解和实践，三星电子高层发现了新问题，面对日渐激烈的竞争，仅做到广为人知还远远不够，必须成为顾客发自内心喜欢和青睐的品牌。而三星电子离此目标还有距离，顾客研究的结果显示，三星品牌的档次不够高，品牌形象缺乏激情和人性化。因此，要让顾客认可三星是他们喜欢的高端品牌，必须对三星品牌进行重新定位，并将公司的所有力量聚焦于此。三星电子审视了购买电子产品的顾客的状况，决定将追求美好生活的年轻人作为目标市场，并将这一群体命名为HLS（High Life Seeker），针对HLS的需求将三星的品牌内涵诠释为"哇、简单、包容"。

"哇"表明产品必须让年轻的顾客感到惊艳，要有突破性的创新。"简单"和"包容"指产品具有易用性和可接近性，这两点与普遍性、可获得性和价格合理性一起，构成三星电子为HLS提供的产品特性。设计师在制订新的产品设计方案时，特别强调产品功能和视觉的简约性。三星电子持续在数字技术领域投资，努力吸引和留住顶尖科技人才，并为每个业务部门制定了推出能够产生轰动效应的产品的数量目标。每年，最具希望的四五款新产品被选为明星产品，获得持续增加的营销支持。在这些政策的引导下，研发出明星产品成为三星电子的工程师和设计师追求的最高职业荣誉。强大的研发能力和扁平化组织架构，使得决策机制快速高效，三星电子得以将产品从概念到上市的时间周期从14个月缩短到5个月，仅为当时日本竞争对手的1/2。

为提升品牌形象，三星电子推出主题为"三星数字世界欢迎您"（Digital All）的系列品牌宣传活动，包括展示数字融合和简单实用设计的三星产品让顾客享受美好生活的广告、品牌植入电影《黑客帝国2：重装上阵》，成为奥运会顶级赞助商等。全球的顾客积极回应了这场品牌宣传活动，三星品牌形象和产品销量迅速提升。从此，三星电子加速步入世界一流品牌梯队。

从濒临破产到成功转型，品牌引领三星电子实现了竞争优势的跃升，不仅仅使三星成为广为人知的品牌，更重要的是实现了公司高层在金融危机后发下的誓言，让三星成为目标顾客青睐的全球品牌。后续发展中，面对消费电子行业日新月异的技术发展和异常激烈的竞争，三星电子以夯实品牌为目标，准确把握住每次产业升级和顾客代际转换带来的机会。图1-1展示了2000～2019年三星和索尼品牌价值的变化情况。

机遇总是垂青有思考和有准备的人。亚洲金融危机摧毁了众多企业，却成为三星电子成功跻身世界一流品牌行列的契机。显然，在亚洲金融危机引发生死存亡的关键时刻，三星电子做出了正确的判断和选择：以建立品牌作为最高目标，将企业的关注重点从产品调整为品牌，根据顾客需求驱动的经营理念有章法地进行品牌建设和管理。

然而，生活永远是解决了一个问题还会面临下一个新问题的过程。只要企业想生存和发展，判断和选择就如影随形。进入2020年，三星电子虽然拥有强大的品牌，但已经航行在深海区，面临的内外复杂性无以复加，如何保持三星品牌的竞争优势，并利用现有优势寻找和创造新的优势，是三星电子成功跨越下一个产业周期的重要命题。

因此，**企业在发展中遭遇波折，尤其是面临战略转型时，需要反思的不仅仅是自己的努力程度够不够，更重要的是审视努力的方向是否正确。市场新常态下的竞争中，顾客成为终极裁判**。时刻努力比竞争对手做得更好的企业，首先需要明白的是：

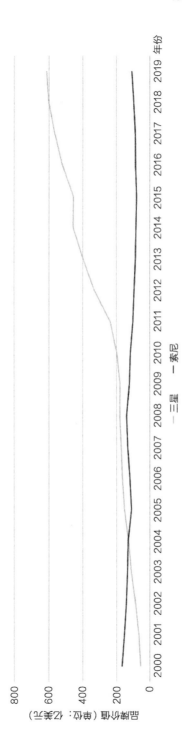

图 1-1 三星与索尼品牌价值对比（2000～2019 年）

资料来源：https://www.interbrand.com/best-brands/。

"好"由顾客决定。这就需要企业由习惯内观（看自身）转变为学会外观（看顾客），洞察外部环境中的变化，尤其是顾客需求的变化及可能引发顾客需求变化的其他变化，才能提升做出正确判断的概率。品牌帮助企业实现从产品导向转为顾客导向。企业一旦开始重视品牌，就会在乎顾客，学习用顾客的眼光审视自己的战略策略，理解只有顾客觉得好才是真正的好。学会外观以后再内观，可以帮助企业看清自身资源及能力的长板与短板，从而做出适合顾客需求且自身资源具有发展持续性的合理选择。如此循环往复的判断和选择产生的决策将为企业的未来发展奠定坚实基础。

回到本章开篇要解答的问题，品牌如何为企业建立和保持持久竞争优势？我们需要从三个层面来思考：

第一，在竞争红海中，品牌如何帮助企业建立新的竞争优势？
第二，企业怎样建立竞争对手不易及不能模仿的竞争优势？
第三，为什么企业要努力保持竞争优势的持久性？

竞争优势跃升：品牌是抓手

品牌是帮助企业实现竞争优势跃升的有力抓手，因为品牌有效指引企业真正关注顾客需求，而不是产品或技术本身。

为什么品牌思维能在红海中指引企业比竞争对手做得更好？今天，"好"的标准是由顾客而不是由企业自身或竞争对手决定的，希望建立竞争优势的企业必须将经营的焦点从产品转向顾客。品牌是实现这一转变的有力抓手。

顾客导向，别人家的孩子？

当越来越多行业逐渐陷入供过于求的境况时，企业逃离同质化竞争红海的唯一法宝就是转型为顾客需求驱动的组织。德鲁克在其经典著作《管理的实践》中指出，"关于企业的目的，只有一个正确而有效的定义：创造顾客。是顾客决定了企业是什么，企业应该生产什么样的产品。企业认为自己的产品是什么并不重要，对于企业的前途和成功尤其不重要。因此，任何企业都有两个基本功能，而且也只有这两个基本功能：营销和创新。"在德鲁克看来，利润只是检验企业效能的指标。创造顾客这件事做好了，自然会有利润。反之，一味追求利润，可能只会与其渐行渐远。

今天，市场新常态正在印证德鲁克思想的力量，将顾客至上植入价值观的企业不断披荆斩棘，而单纯追求利润的企业的道路却越走越艰难。

优秀企业的底层逻辑都是相似的。华为的核心价值观有七条，其中第一条的第一点就是"以客户为中心"。不难理解，"以客户为中心"是支持这家伟大的公司从无到有，从中国500强发展为世界500强的基石。

2004年，阿里巴巴成立五周年时形成"六脉神剑"价值观，第一条是"客户第一"。2019年公司成立20周年之际，阿里巴巴正式公布"新六脉神剑"，第一条是"客户第一，员工第二，股东第三"，这是阿里巴巴对公司、客户、员工和股东关系新的明确思考。因为仅提"客户第一"很容易落空为口号，将其放到与其他利益相关者对比的角度看，才更能明白顾客价值的优先级和重要性。

大道至简，贵于践行。顾客至上道理简单，但知易行难。我们看到，华为、阿里巴巴这些优秀的企业依靠顾客导向的价值观，创造了众多企业难以企及的竞争优势，更重要的是跨越了数个产业发展周期，实现了竞争优势的跃升。但我们也遗憾地看到，更多缺失顾客导向的企业走向衰败甚至消亡。这些企业中，顾客至上只是一句司空见惯的说辞，从最高管理层到基层员工，几乎没有人静心领会其深刻含义，更不要说在行动中不假思索地做了。贴在墙上的时髦口号不会成为价值观，这些在企业中未能被领悟且司空见惯的说辞还会成为前进的阻碍。企业喊习惯了口号很容易误以为自己就是这样做的，从而失去了思考和不断精进的动力。出现的局面是，一边喊着顾客至上，另一边却对顾客的需求置若罔闻。这种巨大的错位使得企业只会埋头做自己能做的事，而不是应该做的事。

企业最习惯也最容易从自身视角出发，关注技术和产品，殊不知企业关注的技术方向或产品属性可能早已偏离了顾客的选择范围。克里斯坦森在《创新者的窘境》中深刻地指出，众多市场的领先企业由于过分沉迷于技术，导致技术发展远远超越或偏离了顾客需求，出现"性能过度供给"，最终被尊重顾客需求的挑战者颠覆。

以技术见长的企业最容易犯这类错误。回首 20 年前，摩托罗拉是多少人心目中最伟大的公司，帮助人类实现了第一次月地之间的通信，发明了人类重要的通信工具——手机。作为一家技术公司，摩托罗拉的科技实力在模拟信号时代可谓无人能敌。但正是这样的科技巨头却没能成功跨越产业发展周期，在第二代数字移动通信技术到来时衰落，最终在智能手机时代彻底丧失昔日辉煌。耗资数十亿美元、耗时十年的铱星计划是摩托罗拉走向衰败的重要原因之一。也许单从技术角度评估，基于卫星通信技术的铱星手机可能堪称科技精品，但从市场需求角度看，却是满足不了顾客需求的错误产品，因为无论性能还是价格，它都无法与通过基站进行信号传输的普通数字技术手机相比。

还有一些企业习惯时刻盯着竞争对手制定决策，尤其是进入门槛低或集中度不高的行业更容易出现这种情况。竞争激烈，企业之间的差距小，会更加激发企业的竞争意识。企业时刻想着超越竞争对手，殊不知在你追我赶、相互裹挟的竞争洪流中逐渐迷失了方向，不紧跟着竞争对手会被顾客淘汰；紧跟着竞争对手，虽然暂时可以进入顾客的选择范围，但难以维持顾客的忠诚度，投入产出效率不断降低，事倍功半。

莱维特在他著名的"营销短视症"一文中深刻指出阻碍企业实施顾客导向经营理念的四个障碍：享受人口红利忙于应对满足不断增长的需求量，而无暇顾及顾客需求的真实具体内涵；迷恋自己的产品或技术独一无二无可替代的假象，不愿承认顾客需要的不是某个具体产品而是需求被满足；相信技术具有强大的力量可以无限度创造需求；迷信大规模生产带来成本降低而盲目追求生产规模。

莱维特[一]的思想对今天众多身陷红海困境的企业来说，可谓恰逢其时。改革开放40多年进程中，大量的产业从无到有，从有到多，许多产业借助巨大的人口红利得以发展壮大，在解决"人民日益增长的物质文化需要与落后的社会生产之间的矛盾"中起到至关重要的作用。但也应该看到，众多企业在追求速度、规模的发展过程中形成了跑马圈地的惯性思维，眼睛习惯盯着竞争对手，或者企业容易掌控的自身资源，而不是已经发生重大变化的顾客需求。

[一] 莱维特作品《营销想象力》已由机械工业出版社出版。

然而，正是顾客需求的变化引发企业竞争优势的跃升——从依赖企业资源快速跑马圈地，转换为发现和创造顾客需求。

当前，中国社会主要矛盾已经转化为"人民日益增长的对美好生活的向往和不平衡不充分的发展之间的矛盾"。显然，顾客需求已由"从无到有"发展到"从有到好"。"从无到有"阶段的评价标准是"有"。企业满足的是顾客的现实需求，对企业的评价标准是能否快速造出产品，产品是否充足。这是很多从短缺时代发展起来的企业在过去的成功逻辑。但当前顾客需求已经到了"从有到好"阶段，对企业的评价标准已变为"好"。"好"是千差万别的，每个顾客对"好"的理解不同，一个人在不同时期对"好"的理解也不同。市场从千人一面，发展到一人一面，乃至一人千面，顾客潜在需求模糊而复杂。

难题怎么破解

因此，今天的企业需要更加努力比竞争对手做得更好，而"好"的首要标准是满足顾客需求，尤其是潜在需求。如果说顾客的现实需求是痛点，潜在需求就是痒点。痛点清晰明确，待解决的迫切性强；痒点则隐性模糊，甚至顾客自己还没有意识到。当顾客的痛点被一一解决，剩下顾客自己也说不清楚的痒点时，企业必须以更加系统化和更加敏锐的眼光看待和研究顾客。首先要善于发现顾客的潜在需求；其次要正确理解顾客的潜在需求并清晰诠释出来，转化为具体的产品及服务；最后要解释给顾客，让他们明白"我需要的好产品是这样的"。相比过去满足顾客现实需求时需要做的事情，当下企业要做的事情范围和深度都已延展太多。

当顾客需求从现实需求演变为潜在需求时，企业的任务也随之从

满足顾客转变为创造顾客。这个转变是艰难的，却是必需的。众多企业太注重速度和数量，这种思维在过去的成功中已形成并固化，尽管在今天供过于求的市场竞争中不断碰壁，企业还是很难较快将多年形成的生产驱动的经营理念转变为顾客需求驱动的经营理念。这正是企业在今天面临的第一道难题，"努力比竞争对手做得更好"，之所以难的原因所在。评价标准已经改变，努力的方向比努力本身更重要，但众多企业却穿着旧鞋子走在新道路上。

早期的三星电子就是这样，在成为优秀的原始设备制造商的过程中，习惯于关注生产和技术。即使在开始实行"新经营"变革后，也只是不断提升研发水平和生产体系的运行效率，根本的经营理念还是生产驱动的。但是，亚洲金融危机使它看似坚实的研发和生产体系遭遇重创，同时击碎了生产驱动的经营理念。可以说，建设品牌的战略目标重构了三星电子的经营理念，打破了从管理层到普通员工对技术和生产的思维路径依赖。

三星电子将建设品牌作为企业战略转型的目标后，本质的变化是从"关注技术和产品"转变为"关注顾客如何看待三星"。品牌激发三星电子实行市场需求驱动的变革，帮助管理者重新审视品牌对企业的重要作用，将营销视为企业的基本职能，而不是单纯为扩大销售而进行的广告或促销活动。营销的结果是强有力的品牌，起点则是对顾客需求的深刻探究。通过对顾客需求的洞察引导产品的研发方向和后续的广告宣传策略。

因此，品牌将企业管理者的关注焦点从产品思维引导下的销量转换到品牌思维引导下的顾客，成为企业转型为顾客需求驱动的组织，实现竞争优势跃升的有力抓手。顾客需求驱动的经营理念是品牌战略的灵魂。关注品牌，自然要思考顾客如何看待品牌，对品牌有什么样的联想。品牌思维将企业的关注力聚焦于顾客，学会在深刻洞察顾客中获得把控市场的力量。营销的目标不仅是销量，更重要的是顾客的品牌感知。竞争优势就是顾客觉得企业的产品比竞争对手的"好"，而"好"则是顾客对品牌的整体主观感知。当企业以品牌为目标，势必更加关心顾客的质量而不是数量，在顾客心智中建立对自身品牌有利的整体主观感知的过程中，以满足顾客需求为指挥棒，聚焦公司的关键资源并培养核心能力。同时，当品牌在顾客心智中建立起差异化、显著、有意义的品牌感知后，自然会成为顾客的选择之一，企业便建立起真正的竞争优势。为什么说是真正的竞争优势呢？因为这是顾客选择的结果。

成为唯一选择：占据顾客的心智

竞争优势范围很广，但核心竞争优势，一定是竞争对手学不去，危机事件毁不了，随时间流逝溜不掉反而与日俱增的优势。品牌使企业拥有面对激烈竞争的定力，指引企业建设和积累核心竞争优势。

冲出群氓陷阱

激烈的红海竞争中，如果企业没有清晰的目标，难免随波逐流迷失方向。企业为了超越竞争对手会密切关注竞争对手的一举一动，而顾客也常常以竞争对手的表现为标准评价企业，顾客的看法进一步强化企业对竞争对手的关注。由此造成的局面是，企业今天迎合社会热点做个广告，明天应对竞争对手搞个促销活动……表面上看似忙忙碌碌，但残酷的现实却是，在疲于应对竞争的过程中逐渐失去竞争优势。也就是，紧紧盯着竞争对手的结果在很多时候不是超越而是同质化。

企业追求差异化的过程却导致了同质化的结局，这似乎有点耸人听闻。将目光投向现实中的企业实践，就会发现这种情况比比皆是。看看我们周围的中餐厅，川菜馆设法增加清淡菜品迎合口味轻的顾客，粤菜馆则设法开发改良菜品以吸引口味重的顾客。最后结果怎样呢？很可能是两家餐厅渐渐变成了非正宗川菜也非正宗粤菜的两不像中餐厅。一家航空公司推出常旅客计划稍微领先后，其他航空公司一定会迎头赶上。一家银行采用客户经理制后不久，其他银行马上会推出同样的做法……

企业为了超越竞争对手不断改进自己的产品和服务，同时，企业的一举一动被竞争对手尽收眼底，从而被反向模仿超越。每个企业都在你追我赶的竞争中不甘落后。但是，即便企业非常努力，我们最终看到的结果往往是：企业在同质化的深渊中越陷越深；而且，行业中各企业的努力程度越高，整个行业达到同质化的时间越短，程度越深。哈佛大学教授扬米·穆恩将这种现象称为"群氓的天性"，其心理基础是自发性胁从。企业都有改变弱点的冲动，越努力参与竞争，与其他企业的差异就越小。无论企业认为自己付出了多少努力或认为自己的产品和服务已经多么领先，但在顾客看来，进入他们选择范围的不同产品和服务之间的差距越来越小。

而且，比同质化本身更糟糕的是，一旦陷入同质化深渊，企业很容易想到，且在短时间内能迅速生效的差异化工具便是价格。于是，价格战不可避免地爆发了。当企业只能期望依靠不断下调的价格武器与竞争对手形成差异，距离被市场淘汰就不远了。这是多数企业没有想到更不愿看到的状况。

那么，激烈的市场竞争中，企业应该忽视竞争吗？当然不是。因为竞争者的策略会影响顾客的预期和感知！所以，企业要有明确的标准帮助自己判断，应该全力应对哪些竞争对手的哪些策略，而对哪些竞争对手的哪些策略不予理睬。这是企业面对繁杂喧嚣的竞争环境所必不可少的。

既然企业的目的是创造顾客，满足顾客需求的程度是最有效的评判标准。能够让品牌在目标顾客心智中塑造整体主观感知的"好"，是企业的终极目标。因此，在纷乱的市场竞争中，企业只需高度关注那些对自己的目标顾客整体主观感知有威胁的竞争对手及竞争策略，从而在应对激烈竞争时保持定力。同时，当关注点放在目标顾客的需求后，企业的眼光还可以放开到行业以外，用拿来主义去汲取更多营养。可以跨越行业和企业的边界，专注审视策略行动本身，思考其对提升自己的目标顾客的满意度和忠诚度的作用，本公司的资源和能力是否支持该项策略。也就是说，专注于目标顾客需求，专注于自身优势，不断增强优势，借此拉开与竞争对手的差距。同时，在对标竞争对手强项时，多一分冷静，先思考目标顾客是否在意这一项，企业自身的资源和能力是否可以在这一项上持久蓄势，再决定是否跟进。

竞争产生了太多噪声，风不止树却必须静。企业在充满噪声的竞争中需要培养钝感力，否则很容易在随波逐流中渐渐丧失竞争优势。专注于品牌，就是聚焦于在目标顾客心智建立主观整体感知的"好"，使企业面对激烈竞争的时候心生定力，能够依照目标顾客需求，从长计议规划企业的资源和能力，制定战略和策略。

当三星电子明确目标市场是更年轻的科技产品探索者，而不是索尼所吸引的成熟传统顾客后，很容易淡定地看待索尼的营销策略。他们紧紧围绕自己的品牌内涵"哇、简单、包容"，努力在年轻顾客群的心智中建立"酷"的品牌形象。索尼的策略如果对提升自己在年轻顾客群的品牌感知有启发就学习，有威胁就积极回应，否则完全可以"你走你的阳关道，我走我的独木桥"。殊不知，把独木桥走踏实，独木桥完全可以转变为新的阳关道，而且企业很可能成为这条阳关道的开创者和引领者。坚持在年轻顾客群心智中建立清晰的品牌形象，不仅仅为三星电子指明产品研发和沟通策略创新的方向，更帮助三星电子树立了面对强大竞争对手的定力。不难想象，如果当年盲目模仿索尼，一定不会有今天的三星电子。

只为可能爱你的人

竞争红海中，拥有一些优势、成为某些顾客的选择之一，只算完成了第一步。**企业努力的最终结果应该是成为目标顾客的"唯一选择"**。只有这样，企业才能逐渐拥有竞争对手不易模仿甚至无法模仿的核心竞争优势。因为成为"唯一选择"意味着企业拥有了"粉丝"。在粉丝眼中，自己喜爱品牌的所有优点都无人能及，即使存在缺点，在粉丝看来也是微不足道或被选择性忽略掉；相反，粉丝对竞争品牌的缺点会尽力渲染甚至夸大其词，对竞争品牌的优点则不屑一顾。

竞争的评价标准是顾客对企业客观表现的主观感知。评价标准的主观性为企业决策带来了难度，也带来了巨大的机会。当整体市场从大众市场逐渐过渡到分众市场，再到小众市场，直至每一个不同的个体过程中，需求的裂变为企业创造竞争差异、将目标顾客培养成粉丝创造了机会。

显然,粉丝的"偏见"是对企业有利的主观感知,为企业在竞争激烈的红海中赢得专注发展竞争优势属性的机会。在经年累月的竞争中,企业要确保自己的资源和能力聚焦于此,将其发展为企业独特的竞争优势。只有独特的竞争优势才能更持久,最终成为企业的核心竞争优势。

用品牌语言说,**核心竞争优势就是不断强化的目标顾客的主观整体感知,以及不断增加粉丝的数量。**两者结合在一起就是品牌的力量,即在数量不断增加的粉丝心智中建立独特、有吸引力的主观整体感知。这样的品牌会在未来竞争中持续为企业增加抵御同质化竞争的保护力。

三星电子在成为广为人知的品牌后立刻意识到,仅仅有知名度、与顾客混个脸熟是不够的,必须成为顾客发自内心喜爱的品牌,因为"选择之一"和"唯一选择"之间存在天壤之别。哪些顾客是目标顾客?他们的需求如何?向他们提供什么价值?当三星电子决定成为追求美好生活的年轻一代顾客喜爱的品牌后,三星电子便拥有了持续建立竞争优势的基础。在后续几十年的发展中,不断夯实目标顾客心智的品牌核心竞争优势,以及随着对全球市场的深度拓展和挖掘目标顾客潜在需求开发新产品,最终奠定三星电子在全球最有价值品牌阵营中的地位。

只有与目标顾客需求产生密切的相关性,才能产生高度共鸣。一旦有了共鸣,便可能获得持续的关注。建立品牌为三星电子注入了定力,三星电子后续的实践为我们展示了"走好自己的路,让竞争对手的存在只是为了证明你有多么优秀"是可能的。

做时间的朋友：持久力

在纷繁复杂的环境中，企业需要方向标，指引企业长时间聚焦关键资源及核心能力，协调短期销量目标和长期增长目标，并在职能部门各自目标之间求同存异。

存异求同

时间是企业建设品牌过程最大的挑战之一，同时也是助力器。对有的企业来说，时间是敌人，竞争优势会逐渐消失。但对有的企业来说，时间则是朋友，竞争优势逐渐累积。我们之所以用"品牌树"概括我们对品牌的理解，用意之一就是引导企业用植树的思维来培育品牌。

品牌是日积月累市场历练的结果。现实的商业环境无比纷杂充满噪声，无时无刻不产出大量信息。企业很容易拥有海量数据信息，但因为这些信息往往是离散的，企业即使拥有信息，也缺乏支持决策所需要的对数据信息的深刻洞察。于是出现了这样的状况，很多企业知道品牌的作用，也很羡慕拥有品牌资产的企业，但轮到自己，却往往被短期目标，尤其是当前的销量和收入所困，忽略当前策略对品牌的长久影响。

显然，拥有明确品牌目标的企业和没有目标的企业也许在短期的竞争中看不出差别，但时间必然会检验出两者的高下。三星电子是幸运的，抓住了消费电子产业升级带来的机会，但它从廉价的产品制造商到稳居世界最有价值品牌行列也用了几十年的时间。因此，能否长久将资源和能力始终如一聚焦于关键目标,决定了企业是否能够持久创造竞争优势。

同时,企业是庞杂的系统,各部门各业务有自身的阶段小目标。例如营销部门想着提升顾客满意度,销售部门想着冲销量,财务部门则时刻计算投资收益率……于是,展现在顾客面前的企业行为很容易呈现四分五裂的局面。

品牌为企业提供了清晰的目标和行动地图,将企业的短期目标和长期目标结合起来,指出决策的优先级别。更重要的是,品牌将企业各部门的关注点调整到一致的方向,打破职能思维形成的工作思路定势,求同存异,有效提升企业决策的效率和效果。这样,保证企业正确地做事,达到事半功倍的效果。

三星电子在深刻洞察目标顾客需求的基础上,提炼了"哇、简单、包容"的品牌核心价值,并通过详细解读让每个员工都深刻理解其内涵。设计师和工程师在产品设计和开发过程中会刻意将技术最新发展与品牌核心价值紧密结合。营销人员在宣传产品优点时会思考每项广告促销活动是符合品牌核心价值这个长远目标,还是仅仅满足当下某个产品的销售量目标,从而有意识地将促销这类短期行为与建立品牌这个长远目标结合在一起。销售人员从品牌出发,开始倾听和理解顾客的需求和问题,而不是强卖产品。

以建设品牌为目标后,三星电子的各部门不再呈现十指分立的局面,而是渐渐握成拳头有力砸向市场。高层意识到营销和销售部门必须更加积极地相互配合,财务部门开始承认市场研究和营销宣传的价值,从而更愿意为顾客研究等营销活动分配预算。同时,品牌可以帮助企业高层和基层员工建立共识,打破不同职能之间的藩篱,全体员工将建立品牌作为最高指导原则融入每天的工作。可以说，当注入品牌思维那一刻起，三星电子这部庞大的战车便有了清晰且正确的行驶方向。

企业将建立品牌作为终极目标，品牌思维才会在战略层面上指导企业将所有的资源、能力聚焦于顾客的品牌感知，发展出核心竞争优势。品牌跨越时间维度连接企业的现在和未来，跨越企业的层级维度连接高层管理者和基层员工，跨越职能维度连接企业从研发生产到营销销售再到财务等各部门。

守正笃实

在复杂、不确定的环境中，如同人一样，企业需要拥有应对纷繁复杂环境的定力、面对变化的适应力及遭遇危机后的康复力。

在经年累月的发展过程中，没有哪个企业可以保证自己永远零失误。出现问题后，只要处理得当，拥有品牌的企业更容易获得目标顾客的理解，化解危机并将事件对品牌的不利影响降到最低。即使没有自身瑕疵带来的危机，外部环境中的风险也无时不在。既然风险不可避免，面对不确定商业环境中随时可能出现的黑天鹅和灰犀牛，拥有品牌思维的企业拥有强大根系，深深扎根于目标顾客需求的土壤中所产生的定力，使他们懂得如何防范风险，及利用风险。

亚洲金融危机突然降临时，当时拥有品牌的索尼与没有品牌的三星电子，遭遇了不同的命运，前者只像得了小感冒，后者则到了生死边缘。所幸的是三星电子转危为机，以品牌为抓手实现逆袭。然而世事难料，23 年后的 2020 年，索尼在 Interbrand 公司全球最有价值品牌排行榜已退居到 51 位。即使三星电子高居榜单第 5 位，也并非高枕无忧。三星电子 2019 年年报显示，营业利润为 27.8 万亿韩元，约合人民币 1631.6 亿元，同比减少近 53%。原因是全球存储芯片价格滑坡，而此项业务为三星电子贡献了 2/3 以上的利润。面临同样影响的不止三星电子，芯片行业其他企业的业绩也遭遇了同等或更大幅度的下滑。未来，5G 的大规模应用可能为三星电子带来喘息的机会，但中国厂商的崛起为这个机会的实现带来了压力。同时，原本胶着的竞争毫无防备地笼罩在一场突如其来的新冠疫情阴霾下，这是所有人都始料不及的。

因此，任何一个行业无法保证长盛不衰，任何一家企业不可能基业长青，所有品牌始终面临如何维护品牌资产持续增长的挑战。展望未来，三星电子坚持产业链垂直一体化的发展战略是正确的，但需要在半导体、移动通信、消费电子等各项业务之间寻求平衡发展，减少过分将利润贡献押宝在半导体业务带来的经营和财务风险。如何利用硬件优势，布局软件生态，实现软硬一体的商业模式升级，从而提升财务表现和市场想象空间？这是摆在三星电子面前的新课题。从品牌的视角看，如何让目标顾客因某个产品而爱上品牌，最终因热爱品牌而选择该品牌旗下的其他产品？让品牌源于产品，最终脱离具体的某项产品，是更高段位的课题。

我们相信，在今天的市场中，竞争优势是绝大多数企业管理者思考的核心问题。但竞争优势的来源是什么，哪些是竞争对手不容易学去的优势，如何建立这样的优势，如何让竞争优势随着时间推移能够保持且不断增长，却是很多企业管理者忽略的问题。因此，在每天的管理决策中变得越来越忙碌，越来越焦虑，效率不高，效果不明。

在这个时点重论品牌，并非旧话重提，而是恰逢其时。过去供不应求的时代，顾客需要的是产品而不是品牌，或者说需求水平并未真正达到品牌层面，企业采用跑马圈地的发展模式，关注产品和自身资源是有效的。此时过度强调品牌带来的结果反而是，很多企业对品牌产生似是而非的解读，因为企业对品牌的需要不迫切所以没有耐心去理解并践行。

今天的市场已处于供过于求状态，品牌比产品本身更重要。供给侧改革要解决的是人民日益增长的对美好生活的向往和不平衡不充分的发展之间的矛盾，顾客需求比企业资源和能力更重要。过度激烈竞争引发同质化消耗，竞争优势的持久性比显著性更重要。品牌成为引导企业关注新关键点的重要抓手。

因此，进入市场新常态才真正迎来品牌发挥效力的尖峰时刻，品牌是企业实现红海突围必备的重要武器。所有渴望成功跨越市场新常态的挑战，重塑持久竞争优势的企业，都应该重上品牌这一课。

愿品牌成为引导在竞争红海中陷入迷航的企业的灯塔。如果您所在的企业或某项业务、产品正面临转型升级，如果您正在思考以下问题：如何努力比竞争对手做得更好？如何让顾客觉得企业比竞争对手做得好？如何保持竞争优势？请想想如何以品牌为发力点，引导企业关注那些在未来不容易被竞争对手模仿、且更具持久力的竞争优势？

第二章

让品牌思维落地

"我的梦想是将中国制造打造成高端产品的代名词,让全世界最好的工程和客户首选中国品牌,持续打造具有自主知识产权、超越外资品牌的中国大品牌。"

——王兵(北新建材董事长)

理解品牌对企业实现竞争优势跃升的作用不难，实践中最大的困难是如何将抽象的品牌思维转化为具体的企业管理行为，将虚做实。让管理者困惑的有以下几点：品牌如何为企业创造价值？如何将品牌思维融入企业的战略和策略，内化于日常管理决策和行为？另外，企业既有公司品牌，也有产品/业务品牌，管理者需要在企业层面、产品/业务层面分别做出哪些品牌决策？

本章介绍我们根据案例企业实践提炼总结的两个管理工具，指导企业实现品牌思维扎实落地。其中"品牌屋"帮助管理者在企业层面制定品牌战略决策，"品牌树"提供了产品/业务层面的品牌管理路线图。

北新建材：制高点品牌战略

谈起品牌，人们通常想到各种媒体广告中常常出现的消费品，不知不觉形成了一种误解，似乎品牌是消费品企业的专属，似乎品牌就是打广告请代言人。这些误解阻碍企业正确认识品牌，无法借助品牌打造竞争优势。

实际上，对于产业市场的企业，由于顾客需求定制化程度高、购买决策常常涉及多方博弈、产品技术复杂度高，更需要品牌来降低风险、简化决策。北新建材股份有限公司⊖正是这样一家表面上看与品牌话题关联不紧的工业品企业，因为牢牢把握品牌成就今天的辉煌。

⊖ 企业官网 http://www.bnbm.com.cn/，以下简称"北新建材"。

专注主业还是多元化

北新建材隶属央企中国建材集团，1997 年在深交所上市。2004 年，北新建材启动制高点战略，以"技术创新、品牌建设、管理革新、资本运营"为战略引擎，开创出一条中国传统制造业自我革新转型升级之路（见图 2-1）。在充分竞争、完全开放的建材制造业，北新建材获得 58% 的市场份额，成为中国最大的新型建材产业集团、全球最大的石膏板产业集团，荣获中国工业领域最高奖——中国工业大奖。

当时，随着实力雄厚的外资品牌大举进入中国市场和机制灵活的民营企业陆续兴起，北新建材遭遇发展瓶颈，石膏板销量从中国第一降为第三，远低于同期市场前两名的山东泰和、德国可耐福。雪上加霜的是，土地、人力、运输成本持续攀升。北新建材面临艰难抉择：是继续深耕石膏板还是通过多元化进入其他领域迅速做大规模？

冷静思考后，北新建材认为，中国城镇化进程使建筑业进入黄金发展期，随着经济增长模式由粗放型向集约型转变，石膏板因其节能环保性能将掀起新型建材的热潮。由此，公司坚定并明确了深耕石膏板战略，决定立足多年积累的技术优势，突出石膏板主业，打造国际高端品牌。

然而，专注发展石膏板说起来容易，做起来却并不简单。前有劲敌后有追兵，应该从哪里入手呢？此时，32 岁的王兵临危受命出任总经理，这位大学一毕业就加入北新建材啃过无数硬骨头的年轻人被笑称知难而上的"工兵"。王兵认为，"中国很少提制高点，其实中国的工业（企业）要做大、做强、做优，恰恰必须得走高端。什么是制高点呢？质量技术性能的背后是技术创新，最后体现在品牌建设方面。于是，我们将技术创新和品牌建设作为制高点战略的两翼。"

第二章 让品牌思维落地 29

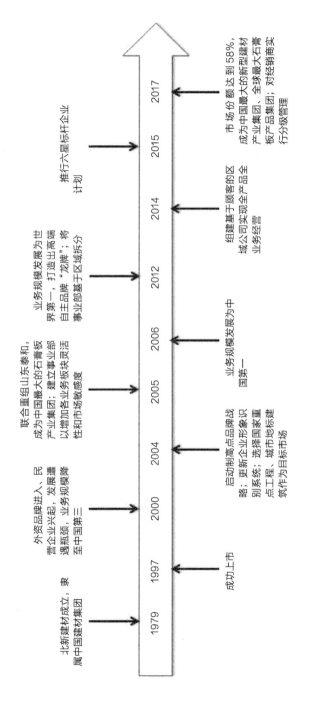

图 2-1 北新建材发展关键事件（1979～2017年）

实施品牌战略

明确了"制高点战略"后,打造中国新型建材行业世界级品牌的目标成为公司整体战略的核心,北新建材将品牌置于公司战略统领地位,**依据品牌目标配置企业资源,并指导日常管理行为和策略制定执行**,集中所有努力建立、发展和保护品牌。

首先,北新建材组建了品牌管理构架。王兵亲自负责品牌战略的总体部署,公司总部设立品牌中心和整合营销部,负责公司品牌的建立与维护,市场推广及整体宣传策划,企业品牌形象识别(CI)、视觉识别(VI)及销售终端形象的设计管理,品牌形象展示宣传及打假维权等职能,为各区域公司提供专业支持。各区域公司在品牌中心及整合营销部的指导支持下制定和执行具体的销售策略。

为了向内外部利益相关者表明启动品牌战略的决心,北新建材更新了企业形象识别系统(CIS),赋予公司英文名称BNBM新的诠释——"Best solutioN,Best Material",设计了简洁大方的新标识,采用蓝色作为企业标准色,体现科技、创新与现代化,同时在环境设计、办公系列用品及宣传系统,如厂旗、指示牌、标牌等方面统一导入企业形象视觉识别系统(VIS)。

如何让每位员工都能充分理解制高点品牌战略,将其融入日常工作呢?显然,仅仅依靠制度是不够的,必须培育充分支撑品牌目标的企业文化价值观和行为规范。王兵认为,"企业的使命是推动人的全面发展——企业是由人组成的,而不仅是物质和资本组成的。从我开始到所有人,都要进行自我革新、持续革新。"在他的带领下,北新建材形成了"比学赶帮超"文化,无论是谁,只要干出业绩,就会获得发展机会。很快,80后、85后的年轻干部成长起来,形成优秀的管理人才梯队。直到现在，北新建材每年都要发布"北新英雄榜"，其中一个引人瞩目的奖项就是"最佳品牌建设奖"，表彰在过去一年里为北新建材品牌建设做出贡献的优秀员工。明确的价值导向和"比学赶帮超"的企业文化，引导每位员工时刻将品牌放在心上并体现于日常行为中。

为确保实现品牌目标，北新建材制定了明确的制高点品牌战略实施路径：通过抢占工程、客户、渠道制高点，以高质量和系统的解决方案为客户提供优质产品与服务，以此打造北新建材公司品牌 BNBM 和"龙牌"等系列产品品牌。

国家重点工程、城市地标建筑对建材质量和技术要求最高，能在这些项目中脱颖而出将成为宣传产品质量和品牌最好的名片。北新建材成立若干专项攻关小组，投身北京奥运会主场馆、上海世博园和各项城市地标项目。在多年的积累和必胜信心的支持下，北新团队攻克了很多建筑界首次遇到的难题，如北京奥运会鸟巢项目特殊的墙体结构如何经受住北京地区最大12级风力所产生的巨大风压。北新建材通过啃下这些硬骨头，充分证明了实力，更重要的是，投标和完成项目的过程极大提升了北新建材的产品质量和为客户解决特殊难题的能力，在后续的市场开拓中更容易取得顶级建筑装修和主流房地产开发企业的信任，使北新建材与这些处于制高点的顾客建立稳定合作关系。

面对范围广大、顾客需求分散的中国建材市场，要打造世界级建材品牌，必须"质""量"齐抓，全面提升行业影响力和市场覆盖面。不仅要做重点工程和城市地标项目，还要充分考虑中低端需求，从而在需求分散的各区域市场的全面竞争中取得"1+1>2"的整体效果。

为此，北新建材构建了清晰的品牌组合。公司品牌"BNBM"和产品品牌"龙牌""北新""泰山"等形成系列，各司其职，相互配合。"龙牌"定位于高端，主打"品质高、安全放心"；"北新"定位于中高端，主打"经济实用"；"泰山"（2005年联合重组山东泰和获得泰山品牌）、"筑根"定位于中端，在激烈的市场竞争中对高端品牌形成保护。其中，"龙牌"是公司成立时创立的品牌，被确定为产品主品牌，寓意在于不仅仅要成为中国新型建材行业的龙头，更要成为在世界上排名靠前的、拥有自主知识产权的民族品牌。

定位清晰、分工明确的品牌组合，使北新建材在规模、技术、质量、价格、效益等方面全面出击，打出超越竞争对手的组合拳。至2017年，龙牌和泰山石膏板在中国市场的总份额为58%，远超第二名临沂的13%，而市场份额最大的外资品牌拉法基不过4%。从价位上看，龙牌石膏板每平方米价格为市场同类产品均价的1.8倍。

面对分散、广大的市场，北新建材通过聚焦头部渠道商，将品牌影响力转化为实实在在的销量。北新建材凭借先进的管理理念、系统的解决方案、双赢的合作思路及宽广的生产线布局，吸引和巩固了从各大城市到县乡市场最具实力和经验的经销渠道，在共同开拓市场的过程中与其中的优秀企业建立了彼此充分信任的合作关系。北新建材目前在全国所有省市拥有一级经销商700多家，二、三级经销商1000多家。

构筑品牌护城河

建设品牌需要企业持之以恒的努力，在此过程中必须有意识提炼和培养核心能力并聚集关键资源，为品牌战略修筑护城河。北新建材注重培养技术能力、顾客响应能力、顾客沟通能力，保证品牌增值获得源源不断的流入，以及品牌战略目标的实现。

技术和标准对于传统制造企业至关重要，北新建材将此视为重中之重。王兵认为，"要在源头上进行基础研究和前瞻性创新，直奔世界最先进的水平，引领全球产业发展，只有这样，中国的制造业才能够领先别人"。因此，北新建材重度投入研发，采用内外部资源结合的方式确保石膏板制造及应用技术达到世界先进水平。内部以北新建材技术中心为核心，建立中心实验室和十多个专业实验室，承担产品研发、工艺改进等工作；外部与清华大学、中国建筑材料科学研究总院等一流院校及科研院所合作，建立博士后流动站、工程硕士站及多个实验室。强大的研发能力支撑北新建材的产品可以从容遵照国际最高标准。与此同时，北新建材还发展并参与制定应用中的标准，如针对建筑施工实际情况提出新指标"握钉力"。

不能解决顾客实际问题的技术实力是没有意义的，北新建材注重培养顾客响应能力。对客户项目实施中碰到的难点课题进行"解题"，并通过与各类客户建立长期关系持续获得有关需求的精确信息，针对建筑领域痛点问题进行攻坚。在与客户共同钻研建筑难题的过程中，北新建材积累的客户需求知识逐渐产生集聚效应，历练出强大的解决新难题的能力，从跟随顾客发展为教育和引导顾客，帮顾客挖掘潜在需求。

不仅要努力做，还要善于表达，北新建材非常注重培养顾客沟通能力，积极向顾客和渠道成员沟通和传递品牌价值，让他们对北新建材形成明确且准确的品牌感知。北新建材综合运用广告宣传、媒体报道、新媒体、推广会等方式进行传播。北新建材品牌中心总经理王燕认为,"品牌建设和市场推广相辅相成。房屋品质不仅仅源于施工质量,更源于建材产品的质量及服务,品牌影响力积累到一定程度,被众多房地产商认可,就会对市场推广形成很好的助力,龙牌产品因此在房地产开发领域被广泛应用。同时市场推广得越好,越有助于品牌更好地传播。"北新建材还设立了"北新""龙牌"等30多个网络搜索关键词,及时抓住大事和亮点事件在微信上传播。强大的渠道和沟通能力,不仅使现有顾客更加满意,也对潜在顾客产生吸引力。

通往品牌制高点的道路没有最好只有更好。面对市场对新型建筑材料的痛点和新需求,北新建材提出"绿色建筑未来"理念,将安全、节能、环保、低碳、舒适、生态六要素纳入北新建材品牌价值内涵体系。同时,北新建材开始布局海外,采用自建工厂和收购兼并多种方式,致力成为享誉全球的中国品牌。

制高点品牌战略助力北新建材实现跨越式发展:2004~2017年年均净利润复合增长率达28.8%,石膏板业务规模从中国第三跃升为全球第一,打造出全面超越外资同行的中国高端自主品牌"龙牌";每年经营性现金流超过利润总额,应收账款占公司销售收入比例降至2.3%(见图2-2)。公司连续6年按照可分配利润的30%左右进行现金分红,与股东共享发展成果。

在业绩下滑、市场地位不保的关键时刻,基于对行业发展趋势的准确判断和责任感,北新建材选择专注石膏板主业打造品牌而不是多元化。于是,在今天的石膏板细分市场上,顾客有了信任和喜爱的品牌,股东有了稳定的回报,而北新建材则获得了可以不断积累企业关键资源和培养核心能力的发展基础。

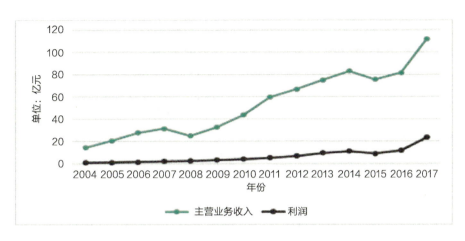

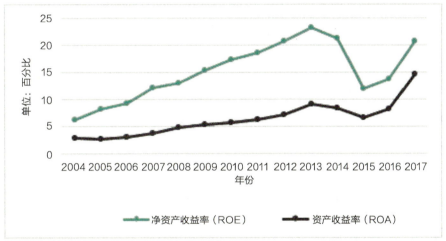

图 2-2　北新建材收入和利润表现（2004～2017 年）

企业在转型升级的关键时刻，能否做出正确判断和选择，考验的是管理者的远见，而能否落地实现最终目标则取决于是否有扎实完善的管理。对品牌及品牌为企业创造价值路径的深刻理解帮助北新建材建立了完善的品牌管理体系，将品牌思维融入企业战略和策略，并内化为企业的日常决策和员工的行为。

品牌在管理领域不是新话题，其重要性也为众多企业管理者所知，为什么实践中真正能够将品牌为企业所用的却很少呢？我们认为，对品牌的误解是最大的原因。一提到品牌，很多管理者往往想到的是如何打广告做宣传，将品牌作为推销产品的战术性工具。如果此时还不知道目标顾客是谁，也不清楚自己的产品或服务能够为目标顾客创造的价值，就去盲目宣传，大概率得到失败的结局。我们对通过品牌成功打造竞争优势的企业的研究发现，它们均从战略层面理解品牌，并通过完善的管理将品牌战略细化为具体的战略和策略，在日常经营中以实现品牌战略为目标，指导具体的机会判断和策略选择。

因此，对于任何管理理论，尤其是流行的新提法，管理者不要想着如何立刻应用到自己的企业中，盲目照搬的结果很可能是东施效颦。最有害的是运动式、口号式的管理变革，企业不会受益只会受伤。就像我们前文提到的"顾客需求驱动的经营理念"，有多少企业号称顾客至上，又有多少企业将其彻底融入底层价值观呢？所谓知行合一的道理就在于此，如果做不到，只能说明并未真正知道。品牌也是如此，只有真正理解其本质内涵，才能看懂依靠品牌取得成功的企业真正的奥秘。

本章解读品牌的内涵，以及品牌为企业创造价值的路径，剖析为什么要在战略高度理解品牌。在此基础上，提供两个管理工具：品牌屋和品牌树。品牌屋帮助管理者在企业层面制定品牌决策，品牌树是管理者在产品/业务层面品牌决策的清晰路线图。我们来思考以下三个问题：

第一，为什么要在战略高度理解品牌？品牌如何为企业创造价值？

第二，在企业层面，要进行哪些决策，将品牌融入并指导企业的战略？

第三，在产品/业务层面，要进行哪些决策，将短期销量目标和长期品牌增长目标有效结合起来？

品牌：战略资产而非战术工具

品牌是企业的战略资产，有三种存在形式：顾客心智模式、产品市场模式和资本市场模式。其中，顾客心智模式是品牌资产的根源，产品市场模式和资本市场模式是品牌资产的表现。企业将顾客心智模式品牌资产置于战略高度，才能真正建立品牌思维。

在战略高度重新思考品牌

企业高层对品牌的理解决定了企业品牌建设的路径及可能得到的结果。虽然很多企业都号称重视并在建设品牌，但由于对品牌理解的差异，企业做法大相径庭，结果必然南辕北辙。这是为什么过去众多中国企业都重视品牌，但多数却收效甚微，失败者远多过成功者。

王兵在上任之初就认识到，想在强手如林的建材市场获得成功必须打造高端品牌。"在一个完全开放、充分竞争的领域，你如何能够比别人卖得多、卖得贵，尤其是面临外资品牌的竞争（时），必须将品牌树立起来。"他认为，"建材业世界级品牌"的内涵应该包括：高端产品的代名词、全世界最好的工程和客户的首选、具有自主知识产权、超越外资品牌。对品牌内涵的深刻理解为北新建材建立了清晰的使命和品牌愿景：打造世界级品牌，推动北新建材成为具有全球竞争力的世界一流企业。

定下战略方向后，北新建材将首要目标市场确定为对建材质量和技术要求最高的国家重点工程、城市地标建筑。集中所有资源去啃硬骨头，关注技术和标准，舍得投入研发，在攻坚一个个大项目时，将不断提升的技术能力转化成为顾客解决难题、创造价值的能力。在后续市场开拓中很容易与顶级建筑装修商及主流房地产开发企业建立稳定合作关系，进而带动更广泛的市场需求。随着"龙牌""北新""泰山""鲁班""金邦"在各自的目标市场受到顾客欢迎，取得优秀的市场业绩，公司品牌"北新建材 BNBM"的影响力越来越大。定位清晰、各司其职的品牌组合，使北新建材在规模、技术、质量、价格、效益等方面打出有力的组合拳。良好的市场表现进一步驱动了资本市场的青睐，2020 年 3 月 4 日，北新建材市值达到 506 亿元，再创新高，表明资本市场对北新建材的认可。

试想，如果北新建材在当年销售业绩滑坡时狭隘地将战略目标确定为"销量""营收"或"股价"，那么依靠北新建材当时的市场覆盖面和渠道资源，只要稍微降低些价格，很容易战胜大量民营企业，抢得市场。单从提高收入角度看，降价比抢占国家重点工程和城市地标项目更见成效。这样做所获得的销量是短暂的，而且容易陷入价格战的深渊难以自拔。这种结局在今天可以看得很清楚，但是在当时陷入困境亟待解决方案时，北新建材能够将目光放得长远是难能可贵的。

北新建材的战略远见源于他们对建材产品顾客购买行为的深刻理解。建材产品采购决策复杂，涉及业主、设计方、施工方，各方采用的标准不统一，而建材产品从表面看同质化程度非常高。这种情况下，顾客的采购风险非常高，想让顾客愿意买，并愿意出高价买，就要设法降低顾客的购买风险并且简化其购买决策。那么，必须让顾客建立起这样的主观整体感知：北新建材的产品"好"。只有这样，才能在竞争白热化、顾客购买决策偏理性、更复杂、呈现多方博弈的产业市场，获得竞争对手越来越无法企及的长久的竞争优势。

因此，北新建材将品牌置于战略高度，这是制高点品牌战略的缘起。制高点是北新建材对"好"的整体理解，整体的"好"要体现在具体方面才能获得支撑。于是，"高端产品的代名词""全世界最好的工程和客户的首选""具有自主知识产权""超越外资品牌"则成为北新建材希望在顾客心智中建立的"好"的具体方面。这些具体方面指引北新建材的战略和策略方向，包括选择哪些目标顾客、产品需要达到的技术水平，以及为做到这些需要寻找和积累的资源与能力。

相比销量目标，在顾客心智建立"北新建材好"的品牌感知，是具有战略高度的长远目标，让北新建材站得更高，走得更长远。建立品牌的目标使北新建材在后续发展中扛得住压力，舍得投入研发，认真钻研目标顾客需求，一点一滴积力蓄势。十几年努力换来的成果是，今天的重点难点工程、地标项目的业主和设计方遇到建筑难题立刻就会想到北新建材，因为"BNBM"意味着"技术实力强""可靠""高品质"。需要采购龙骨的顾客首先会想到"龙牌"，因为龙牌的质量水平基本定义了行业最高标准。积极的品牌感知引发顾客的采购决策，使用后的品牌体验证明预期的正确，顾客在后续采购中自然而然逐渐屏蔽掉其他品牌。北新建材品牌在顾客心智的地位越来越重要，转化为产品在市场上的优异成绩，进而转化为公司在资本市场上令人满意的回报。

没有将产品市场业绩和资本市场表现放在第一位，反而获得了长久的增长和好业绩。这一点值得那些在追求业绩的道路上越走越艰难的企业深思。企业的目的是创造顾客，利润只是检验企业效能的指标。通常我们所说的顾客其实只是一个广泛的概念，盲目追求市场业绩的企业，错误在于将所有购买该类产品的都视为顾客。其实，在竞争红海中，只有将本企业作为"第一选择"和"唯一选择"的购买者才称得上真正的顾客。北新建材通过制高点品牌战略创造出属于自己的顾客，持续获得利润是必然的结果。北新建材成功创造顾客的秘诀就是在目标顾客的心智中将"好"与"北新建材"紧密联系在一起，同时又将"好"诠释为各项具体表现，获得顾客的信任。

品牌始于顾客感知

顾客依赖主观感知做出购买决策，企业必须从顾客视角审视产品和服务，"顾客觉得好"才是真正的好。同时，信息过载、产品复杂度越来越高，顾客一方面希望在产品细节上比较，另一方面又希望能够简化选择和购买决策。顾客往往依赖整体主观感知做出购买决策，整体主观感知则以具体支持论据为基础。这为企业带来了挑战，企业需要兼顾细节和整体，兼顾具体和抽象，让顾客在选择比较时能获得具体的细节信息，在做出购买决策时则能依靠抽象的整体依据。品牌的作用就在于此，对企业来说是创造顾客的载体，对顾客而言则是他们认为自己做出正确选择的依据。

因此，品牌是目标顾客对品牌的主观感知，包括整体和具体两个层面的感知，是顾客体验了产品、服务及各项营销活动后建立起来的。对于已经购买和使用过产品的现有顾客，他们具有产品和服务的购买与使用体验，与品牌的关系从"选择之一"到"第一选择"直至

"唯一选择"，关系的紧密程度表现为从松散到无可替代，关系的建立依据从具体的某方面细节到抽象的整体感觉。企业的任务是在顾客购买旅程的全过程不断升级顾客的品牌关系，培养忠诚粉丝。对于尚未购买产品的潜在顾客，与品牌的关系从"不知道""听说过"到"感兴趣"，再到"想买"及"非常渴望买到"，他们没有产品或服务的使用经验，品牌感知源于企业的沟通宣传或现有顾客的口碑。企业的任务是识别目标顾客，将准确的品牌信息送达目标顾客，建立健康的品牌关系。

所以，企业的目的是努力创造本品牌的顾客，即在面对市场上丰富的选择时仍愿意将本品牌作为第一选择和唯一选择的顾客，同时努力增加这类顾客的数量。两方面努力相辅相成，在维护好顾客与品牌关系深度的基础上不断扩展顾客数量广度。有质量的顾客不断增加，企业便逐渐累积起了竞争优势。

作为目标顾客的主观整体感知，品牌是实现企业创造顾客目的的直接载体。而且，由基于顾客感知的品牌驱动的市场收益是可持续的，稳定增长的市场业绩必然会在资本市场吸引投资者并降低融资成本。即，目标顾客的主观整体感知能够为企业带来现实和预期的经济效益，因此品牌应该被视为企业的战略资产，而绝不仅仅是区分竞争或沟通宣传的战术工具。虽然公司的资产负债表上没有明确列出品牌资产的价值，但毋庸置疑，品牌是企业重要的战略无形资产。

在建设品牌的道路上遭遇困难的企业，多数对品牌的理解是狭隘的，将品牌管理职能仅限于对商标的管理或产品的宣传推广层面，远未发挥出品牌的战略规划职能和管理职能。究其根源，这些企业失败的原因是没有意识到要将品牌作为企业重要的战略资产来建立、维护和管理。

所以，渴望通过品牌建立竞争优势的企业必须认识到，建立品牌的起点是目标顾客的心智，而不是某个时点在产品市场或资本市场的表现。因此，企业先要思考哪些是自己的目标顾客，在目标顾客心智为品牌建立什么样的主观整体感知，以及该采取哪些策略建立品牌感知。

品牌创造价值的路径

品牌是目标顾客的主观整体感知，可以为企业带来产品市场的收益和资本市场的价值。但是，顾客的主观整体感知似乎看不到摸不着，如同价值观一样，企业都知道价值观对企业发展的重要性，却在很多企业难以落实，因为比较虚。因此，品牌必须能够连接到管理者每天决策时的关注点，才能转化为管理者的日常思考，从而融入企业的实践。

学者将品牌为企业创造价值的根源和表现连接在一起，帮助企业理解如何建设和积累品牌资产。明确提出品牌资产的三种存在形式：顾客心智模式、产品市场模式、资本市场模式。实证研究已证明三者之间存在紧密联系。顾客对品牌的主观整体感知会影响品牌在产品市场的表现，如品牌溢价、市场份额和忠诚度，持续的市场表现会影响品牌在资本市场的股价和市值。反过来，当品牌在产品市场或资本市场表现好，会强化现有顾客的品牌感知，并影响潜在顾客的品牌感知。同时，品牌在产品市场和资本市场的表现会进一步降低企业的融资成本，使企业可以更容易以低成本获得未来发展所需资金，为目标顾客及其他利益相关者创造更多价值。

实践中，企业高层管理者通常更关注品牌在产品市场或资本市场的表现，而忽略两者的根源。这也是为什么不是每个认为品牌重要的企业，都能够从品牌获益。从品牌获益的企业无疑正确理解品牌为企业创造价值的路径，并从源头（即目标顾客心智）开始培育品牌。北新建材、三星电子都是如此。金炳国临危受命空降三星电子时，非常清楚品牌资产的重要作用及品牌为企业创造价值的路径。打造品牌的起点一定是选定目标市场，实现对目标顾客有意义的创新，引起共鸣，变成他们的唯一选择。当拥有了粉丝，企业自然会在产品市场及资本市场获得青睐。所以，金炳国将品牌视为企业核心资产："这是一个需要进行战略性思考并长期建设的事物。"他同时说服其他高管理解品牌资产的生成逻辑并支持三星电子的品牌建设。试想，当年如果金炳国狭隘地将品牌理解为知名度和销量，那么他首先想到的会是打广告和搞促销。这样做也许会对提升当时的销售量起点作用，但是投入产出效果一定是低效和短暂的。

　　造成企业管理者忽视品牌这项战略资产的原因，通常有以下方面。第一，品牌资产的价值不易量化。不同于其他资产更容易清晰展现为管理者关注的直观数字，品牌资产的起点是顾客对品牌的主观整体感知，然后才会转换为产品市场中的溢价或持续购买，以及资本市场中的高股价或市值。也就是说，品牌资产在企业管理者更为关注的产品市场和资本市场的表现是滞后的，而顾客心智的品牌资产则通常难以直观量化，即使量化也无外乎品牌联想、忠诚度等主观指标。不难想象，对于企业管理者，尤其是高层管理者来说，当顾客品牌感知、产品溢价、市场份额、股价、公司市值，这些指标都摆在他面前时，哪些指标更容易引起关注。第二，品牌资产是企业各项策略长时间积累的结果，是衡量企业管理绩效的长期指标。顾客对品牌的主观整体感知不可能在很短时间建立起来，它是企业各项策略长期持续作用的结果。培育品牌资产诸多投入的效果常常在比较滞后的时间点展现出来。但现实中管理者往往更关注当期经营效果，强调各项投入的短期产出，没有耐心等待更长期的效果。

从三星电子的实践看，金融危机重创使高层管理者彻底认清品牌资产的作用和战略本质，制定了战略品牌管理体系。他们从研究顾客对品牌的感知出发，以年轻一代消费群为目标顾客，制定了"哇、简单、包容"的品牌核心价值，并以此作为研发、生产、营销等各部门工作的指挥棒，努力建立全员品牌意识和理念。只有当企业的资源和能力集中于建立品牌的核心价值时，企业才能对内外传递出一致的、与品牌核心价值相吻合的信息，不断提升企业品牌形象。三星电子是幸运的，恰好赶上并准确把握了爱好科技的年轻一代顾客崛起萌生的市场机会，并成功地将其创造出来。

品牌资产的培育需要时间，即使赶上需求趋势转换产生的趋势性机会，也不会一蹴而就。三星电子从濒临破产到进入世界最有价值品牌排行榜第20名用了6年时间。培育品牌的好处是，品牌资产一旦建立起来就会对企业未来表现有持续的支撑。如今三星电子的业绩无疑与20年前管理层对品牌的重视和投入紧密相关。

越来越重要

让我们拉长时间线观察和思考品牌的作用。图2-3是2001～2019年Interbrand公司世界最有价值品牌排行榜上榜企业的品牌价值与标普指数（S&P 500）及明晟指数（Morgan Stanley Capital International Index）成分品牌价值走势的比较。

第二章 让品牌思维落地 45

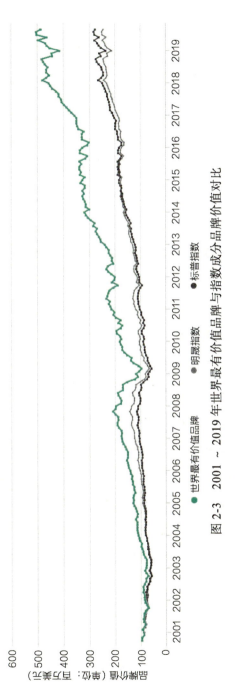

图 2-3 2001～2019 年世界最有价值品牌与指数成分品牌价值对比

资料来源：https://www.interbrand.com/best-brands/。

从图 2-3 中可以看出两个显著的特点：其一，在市场的任何阶段，有价值的品牌会显著跑赢大市。市场波动会影响所有的企业，有价值品牌的表现均好于市场整体。这很容易理解，因为品牌资产的价值会从顾客心智映射到产品市场的销售情况，再到资本市场的价值表现。其二，2001～2019 年，有价值品牌与主要成分股之间品牌价值的差距逐渐拉大。这个重要的趋势充分表明品牌的作用越来越凸显。

为什么呢？一个可能的推测是，随着竞争的加剧，没有被淘汰仍能留在市场上参与竞争的企业都必须具有一定的竞争优势，而这些竞争优势体现在产品和服务具体属性表现方面的客观差距会逐渐缩小，甚至越来越趋同。那么，是什么因素让顾客觉得这些客观表现上差别不大的产品或服务仍然存在差别，从而基于这种差别做出选择和购买决策呢？显然，差别的来源是顾客的主观判断，即附着于每个品牌的主观整体感知，而不是产品和服务的客观表现。

因此，品牌是顾客的主观感知而不是产品的客观表现。有价值品牌与成分股之间价值差距逐渐拉大的趋势再一次提示企业管理者，为什么要关注顾客主观感知，而不仅仅是产品、技术等客观表现。或者说，要努力将产品和技术的客观表现转化为对本品牌有利的顾客主观感知。在未来的竞争中，能够在目标顾客心智培育出独特、有意义的品牌，逐渐成为他们的"唯一选择"具有非同寻常的重要意义。这样的品牌才能在产品市场获得持续的优秀业绩，在资本市场成为投资者争相追逐的投资标的。

从顾客心智到产品市场，再到资本市场，品牌资产的三种形式清晰诠释了品牌为企业创造价值的路径，提供了对品牌资产内涵的完整理解，将企业各层级、各职能部门的关注点统一起来。如果只强调顾客心智，往往引发不了高层管理者的关注；只强调市场表现，很可能会导致舍本逐末的错误。追本溯源使企业从源头上理解和建设品牌。"世界上最重要的东西往往是看不见的"，顾客心智的品牌资产虽然是无形的，不似产品市场的销售收入、利润，或资本市场的股价、市值等指标看上去更直观更有冲击力，但却是根源所在。当然，只强调顾客感知也是不行的，只有能够扎扎实实转化为市场业绩表现的顾客感知才是有意义的。同时，对品牌资产的完整解读可以有效连接企业的现在和未来。如果现有顾客大部分都是高忠诚度的粉丝，他们对品牌的拥趸大概率可以帮助企业将今天的市场表现延续到明天，企业会更有信心投放资源培育顾客。

理解了品牌的作用和战略地位后，难的是将品牌思维落地。从企业的品牌构成看，品牌通常包括企业品牌和产品／业务品牌，一些企业可能还存在战略业务单元（strategic business unit）或事业部品牌。有的企业采用单一品牌名称，有的企业采用不同的品牌名称。企业不仅需要在企业层面制定品牌决策，引导产品／业务层面的品牌决策，同时，还要通过产品／业务层面的品牌决策支撑企业层面的品牌决策，达到企业战略目标。基于对成功建立品牌战略的企业实践的系统研究，我们提出两个管理工具——品牌屋和品牌树，分别帮助管理者在企业层面、产品／业务层面制定品牌决策，将品牌融入战略和策略。下文将对这两个工具进行解读。

品牌屋：在企业层面实施品牌决策

品牌屋帮助管理者在企业层面思考和制定品牌决策，具体包括制定品牌战略目标、构建品牌组织及文化、制定公司品牌决策、制定产品/业务品牌决策、建立品牌护城河五层。

企业层面五层品牌决策

品牌屋包含了管理者在企业层面需要制定的五层品牌决策。我们用北新建材的品牌屋逐一阐述，如图 2-4 所示。

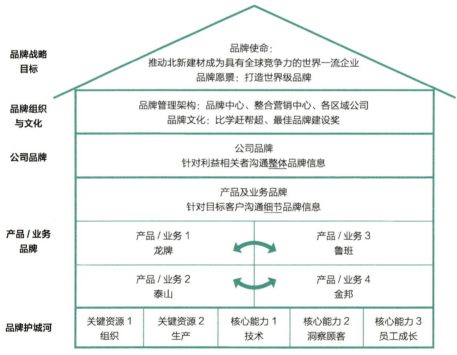

图 2-4　北新建材品牌屋：在企业层面实施品牌决策

首先，企业应该具有清晰的品牌战略目标，包括使命和愿景。如北新建材成为"中国新型建材行业世界级品牌"，三星电子"在 2005 年进入世界最有价值品牌前 20 名"。清晰的品牌战略目标成为公司整体战略的精髓，确定了品牌在企业整体战略中的核心地位。品牌愿景是远期目标，品牌资产的建立需要长时间积累，清晰且稳定的品牌愿景非常重要。企业可以依品牌愿景在不同发展阶段，根据企业取得的成果制定阶段性品牌目标。稳定的愿景和渐进的阶段目标可以坚定企业培育品牌的信心。

其次，是否具备职责明晰的品牌组织和文化，决定了品牌在企业只是一个口号或说辞，还是真正能够被置于战略核心地位并落地实施。品牌组织及文化包括品牌管理架构及品牌文化。北新建材启动制高点品牌战略的第一步就是组建品牌管理架构，总部设立品牌中心，负责制定公司品牌及产品品牌策略，同时总部设立整合营销部，负责制定产品销售策略。各区域公司在总部品牌中心和整合营销部的指导下负责各项策略的执行和落实。

相比重点市场在国内的北新建材，对于三星电子这样市场分布在全球的跨国公司来说，品牌管理架构更为重要。金炳国空降三星电子后首先着手建立了全球营销运营部门（Global Marketing Organization，简称 GMO），这个部门由 90 名员工组成，负责协调三星电子的营销工作。GMO 下设营销战略、区域战略和产品战略三个团队。营销战略团队负责制定全球营销战略、管理 GMO 预算、与广告代理协作管理全球品牌活动、管理三星电子网站、监管全球客户关系，及在各分公司之间分享营销最佳实践。区域战略团队负责为区域市场制订战略计划，并与产品线经理沟通设定区域营销预算方案。产品战略团队负责开展市场调研，及构想新产品概念。

随后，金炳国领导 GMO 将三星电子各业务部门在全球使用的超过 55 家广告代理商整合为一家广告代理商，为三星电子确定了品牌核心价值，并对三星品牌标识及展示方式制定了全球性的指导原则。

GMO 改变了营销预算的分配方式。金炳国到任四年后，GMO 已经掌握了约 40% 的预算，用于品牌广告宣传，业务部门掌握其余的约 60% 的预算，用于面向顾客的产品促销等活动。GMO 根据对国别和产品类别的购买情况的研究，向业务部门提出预算差别化分配建议。三星电子的品牌管理组织极大提升了营销投入的整体效率，为三星品牌脱颖而出奠定了基础。

从品牌文化看，不同于其他战略，**品牌战略具有高度文化属性，体现在价值观、规范、物质和行为四个层面**。品牌是由所有员工共同创造出来的，必须将品牌愿景和目标融入每位员工的骨子里。换句话说，建立能够支撑品牌战略目标的企业价值观和行为规范至关重要。设立与品牌建设相关的评价指标，指引员工将品牌时刻放在心中并体现于日常工作。北新建材的"比学赶帮超"文化，及在"北新英雄榜"中设立"最佳品牌建设奖"的做法，均反映了管理层对品牌的重视，必然引导员工充分重视品牌战略并将其融入自己的日常工作。

品牌战略目标确定后，企业要思考：为了实现品牌战略目标，企业能为哪些顾客提供价值？提供什么价值？以什么产品为载体提供价值？需要一个产品还是一组产品？在探究这些问题的答案过程中，企业确立公司品牌和各产品／业务品牌各自的作用和彼此如何配合。品牌屋的第三层和第四层分别是公司品牌决策和产品／业务品牌决策。这两层的决策有两点不同。首先，建立品牌感知的对象不同。**公司品牌的对象是利益相关者，包括政府、公众、上下游合作伙伴、员工、顾客。产品／业务品牌的主要对象是目标顾客**。其次，侧重的品牌信息不同。**公司品牌的重点是整体的、体现公司能力和价值观的品牌信息，产品／业务品牌重点在细节的、与具体产品属性相关的品牌信息**。

如北新建材公司品牌努力在利益相关者心智中建立的品牌感知是行业领导者、高质量与系统解决方案提供商，产品品牌则根据各自的目标顾客规划品牌感知，同时要相互配合，协同发展，形成品牌组合。

北新建材确立"制高点品牌战略"，致力于走高端，抓产品创新研发，努力提升品牌溢价能力及美誉度。选择国家重点工程和城市地标建筑这类对建材质量和技术要求高的客户作为目标市场，将在这些项目中脱颖而出作为通往品牌制高点的有效路径。事实表明，中标这些顶级项目，不仅仅充分证明了北新建材的实力，更重要的是在投标和完成项目的过程中极大提升了北新建材的产品质量和满足顾客特殊需求的能力。

同时，由于中国建材市场需求多样且分散，仅做高端市场是不够的，必须兼顾广泛的中端市场。为此，北新建材建立了清晰的品牌组合，包括公司品牌"北新建材"，及"龙牌""北新""泰山""鲁班""金邦"等系列产品品牌。北新建材全力将"龙牌"打造成为与外资品牌直接竞争，并取得领先优势的产品品牌。通过高端品牌"龙牌"提升公司整体品牌形象，用"泰山"占领中端市场，用"鲁班"做跨界创新，寻找龙骨替代传统家装市场的新机会，"金邦"则针对顾客需求中一些非大众化需求关键点集中发力，让特定顾客感受惊喜。每个产品品牌各司其职又相互配合。公司品牌"北新建材"则承载"北新建材，绿色建筑未来"这个更具包容性和未来感的理念。先以公司品牌影响力带动其他中端产品品牌发展；各产品品牌在各自的目标市场取得竞争优势和良好市场业绩后，进一步反哺公司品牌。品牌组合管理使得北新建材在各细分市场（高端、中端）全面（溢价、销量、收入）超越竞争对手。

品牌屋的第五层称作品牌护城河，包括关键资源及核心能力。根据迈克尔·波特（Michael Porter）的观点，战略的本质是定义有价值的定位并据此匹配相应资源及发展独特能力，从而建立和保持竞争优势。品牌资产的建设非朝夕之功，企业需要有意识地为品牌配置关键资源和发展核心能力，为品牌构筑护城河。品牌护城河非常重要，要在制定品牌战略之初就有规划。首先要对达到品牌目标和愿景所需的关键资源有清晰的预判，抢在竞争对手之前配置，尤其是稀缺性资源。此外，企业要在经年累月的经营中，培养对建设和维护品牌资产具有重要作用的核心能力。更重要的是，要在内外环境不断变化的情况下，使品牌的营销战略、关键资源和核心能力之间达到动态协调，才能建立和保持持久竞争优势。

对北新建材这类制造业企业来说，生产、原料资源至关重要。制定制高点战略后，北新建材迅速通过兼并优质产业在全国进行生产线布局，全面实施石膏板在中国市场的扩张发展，为后来实现质量、规模并举，提升品牌行业影响力奠定基础。同时，在日常经营中有意识地发展制高点品牌战略需要的核心能力，包括技术能力、发现和满足顾客需要的能力，以及员工的学习和成长能力。除了通常制造企业重视的技术水平和满足顾客定制化需求的能力外，北新建材的独到之处还在于它非常清楚顾客口碑的重要性，因此非常重视渠道和沟通能力，将其作为实现顾客价值的重要保障。北新建材通过抢占主流建材市场经销渠道和发展集采装饰公司等新型渠道，建立了强大的经销商分级管理体系。综合运用广告宣传、媒体报道、新媒体、推广会、搜索引擎优化等方式进行广泛的品牌传播。以北新建材的微信公众号为例，它总是能将热点时事与公司的行业产品融合起来，潜移默化影响利益相关者的品牌感知。

在发展过程中，品牌战略目标要始终如一。具备清晰的品牌愿景，更容易将外部环境的变化变成契机，不断夯实关键资源和发展核心能力。产品/业务品牌可以随着市场需求和竞争形势变化进行柔性调整，保证实现公司的品牌战略目标。

谁来做首席品牌官

品牌屋能否顺利搭建并高效运行，由谁担任"首席品牌官"（Chief Brand Officer）至关重要。既然品牌是企业的战略资产，理应由高层管理者直接负责，并组建自上而下的品牌管理组织，确保品牌战略目标和高层管理者的品牌理念得以贯彻实施。优秀领导者表现出对品牌的远见卓识，致力于将企业带入追求长期成功的轨道。只有高层管理者深入洞悉本行业，如竞争态势、顾客购买影响因素，才有可能真正认识并推行品牌战略，才能要求整个组织围绕品牌资产的建设积极投入资源。建立、推广、支持和保护品牌，是从企业高层管理者开始的自上而下的全员工作，高层管理者是驱动品牌建设的动力源泉。

同时，由于品牌资产的建设是一项持久的系统工程，需要调配企业各项资源长期持续投入。无疑，只有企业高层管理者才具有这样的权限，才能承受来自各方面的质疑，使大家能够在没有看到最终结果的时候，集中力量实现企业长远的品牌目标。品牌资产是竞争优势和长期盈利性的基础，将品牌与企业战略相匹配非常关键，只有在企业高层管理者的监管和推动下，品牌战略才能落实。

因此，品牌战略是自上而下的系统工程，是否拥有具有战略远见的高层领导者，成为能否成功实施品牌战略的关键。仅任命一位品牌经理，采用典型的短期考核标准来建设品牌注定会失败。这是众多中国企业言必谈品牌重要性，但难以打造真正有世界影响力品牌的一个重要原因。高层管理者有产业远见才能认识到品牌的重要性，有建立品牌的志向才能心无旁骛，有品牌管理的能力才能抓住机会为品牌战略配置关键资源和发展核心能力，有坚守才能在不断变化的环境保障品牌战略、关键资源和核心能力之间的动态协调。北新建材的王兵，三星电子的尹钟龙、金炳国都是这样的管理者。

  王兵临危受命时，北新建材有很多选择。可以继续专注发展石膏板，也可以展开业务多元化。即使专注发展石膏板也有不同做法，如迅速提升规模跑马圈地式发展。建设品牌无疑是最艰难的一条路。以王兵为代表的北新建材高层管理者多数在大学一毕业就加入北新建材，工作多年，聚焦行业领域的坚守给予他们对行业发展关键要素的深刻洞察，及对企业未来前景的远大志向。王兵认为，要想在强手如林的建材市场获得成功就必须打造高端品牌。"在一个完全开放、充分竞争的领域，你如何能够比别人卖得多，卖得贵，尤其是面临外资品牌的竞争时，必须将自己的品牌树立起来。"

  与王兵面临的情况略有不同，金炳国空降三星电子时，他意识到在组织内部进行品牌及营销相关的教育对于取得变革的成功至关重要。因为在金融危机之前，品牌和营销在三星电子得不到广泛重视，产品经理们都相信好的产品不愁卖不出去。即使在遭遇金融危机后，产品经理们也很难改变只看重产品的惯性思维。金炳国非常清楚他面前的挑战有多大。他首先取得了三星电子总经理尹钟龙的支持，立刻建立了全球营销部，提升营销职能在三星电子内部的专业形象，制定了营销人员的职业发展通道，吸引、培养和留住优秀的营销人才。更重要的是，金炳国通过深刻的顾客洞察，确立了品牌核心价值和产品研发方向。他让研发部门根据市场研究和顾客需求趋势开发新产品。由于判断准确，市场业绩很快让产品经理们认识到通过为目标顾客开发适应他们需求的创新产品所带来的好处，从而由质疑转变为支持公司的营销变革。同时，金炳国还掌握了40%的营销预算，用于在全球市场建设三星品牌形象，有效支持了各区域市场的产品销售。一系列决策使三星电子所有员工很快认识到，遵循新的品牌管理体系可以有效提高各项投入的效率，获得事半功倍的效果。

如果将三星电子想象成一支战队，那么品牌就是信号灯，为这支部队指明了清晰的前进方向。在全球市场建立三星电子品牌形象就像空中战斗力量，为产品经理们在各个市场的地面战提供了有力的支援。当然，金炳国也是幸运的，他到三星电子的时候，三星品牌并没有清晰和强势的品牌形象，这使得他比较容易赋予三星品牌全新的内涵。金炳国后来评价说："从最高层开始，就有一个清晰坚定的信念，即品牌是公司最重要的资产之一，并为能使品牌资产增长的战略和策略提供所有必要的资源和支持。"

因此，企业需要在高层管理者统领下，构建完善的品牌屋，确定品牌愿景和阶段性目标，搭建管理流程清晰的品牌管理架构，培育顾客导向的品牌文化，规划和实施公司品牌决策与产品/业务品牌决策，并在经年累月的经营中积累品牌护城河。

品牌树：在产品/业务层面实施品牌决策

品牌树—品牌林—品牌生态是形象的比喻，帮助管理者在产品/业务层面思考如何规划和培育品牌，如何进行品牌延伸及跨界发展。

实践中，企业日常建设品牌的工作集中在产品/业务层面，即品牌屋的第四层。产品/业务品牌的成功，才能支撑企业品牌战略目标的实现。所以，本书重点放在产品/业务品牌的建立上。我们用"品牌树"指导企业规划和培育品牌，用"品牌林"和"品牌生态"帮助企业思考品牌延伸及跨界发展。本节简要介绍品牌树，第三章至第八章结合案例详细解读品牌树的应用。

三个关键词

培育品牌需要找到正确的着力点。追本溯源，从品牌创造价值的来源，目标顾客对品牌的主观整体感知来看，品牌包含三个关键词：目标顾客、主观感知、整体感知。

第一个关键词是目标顾客，重点是"目标"。 当市场由大众市场演化为分众市场再到小众市场的过程中，需求呈现不断分散和碎片化的趋势。企业的营销活动对某些顾客非常有吸引力，但另一些顾客则对其无动于衷。这是正常的，甚至我们认为这种情况要优于所有顾客都认为企业的策略还算可以，但没有某些顾客觉得最好的情况。今天的市场，做"大众情人"希望获得所有顾客认可是困难且危险的。企业必须找到适合自己的目标顾客，聚焦目标顾客的需求发力，不能面面俱到。只有这样，企业资源和能力的投入才能更精准，获得事半功倍的效果。也只有这样，企业才能在不确定的环境中更加从容地应对顾客需求的变化。在为目标顾客创造价值的过程中，伴随顾客需求的变化，深化对品牌内涵的理解，积累关键资源和发展核心能力。不断汇集顾客知识，做到比顾客自己还了解他们的真实需求，逐渐从满足顾客发展为引领和创造顾客。在洞察目标顾客需求上保持精进和匠心精神，才有可能建立"永远被模仿，从未被超越"的核心竞争优势。

第二个关键词是主观感知，重点是"主观"，这一点在前文多次论述。所以，努力比竞争对手做得更好很重要，而更重要的是让目标顾客觉得好。企业不仅要善于发现和创造价值，更要学会向目标顾客沟通价值。要熟悉和掌握与目标顾客沟通的方法，善于与目标顾客沟通，重点在于转换思维，从 A 思维转换为 B 思维，即从关注产品的属性（attributes）转化为思考顾客的利益（benefits）。以 B 思维指导企业的营销策略，包括产品、价格、沟通、渠道等策略的制定和实施，才可能在目标顾客心智培育出对本品牌独特、有意义的主观感知，让目标顾客觉得好。尤其是当顾客需求是潜在而非现实的情况下，顾客有需求但自己说不清楚，如今天每个人都向往美好生活，但有几人能清晰准确描述自己想要的美好生活具体是什么样子的呢？此时，企业需要将目标顾客的潜在需求挖掘创造出来，还要呈现和沟通给顾客，让顾客感觉"这就是我想要的"。此时，以顾客能理解的语言及乐于接受的方式与其沟通非常重要。

第三个关键词是整体感知，重点是"整体"。面对繁杂的信息和复杂的产品，顾客是矛盾体，一方面希望自己买到的产品各方面都好，另一方面限于能力和精力，不愿或不能逐一考察比较产品或服务各方面的表现。解释水平理论（construal level theory）从原理上揭示了人们对认知客体的心理表征具有不同的抽象程度（即解释水平）。低解释水平注重具体、细微、背景化的信息，强调"怎样"；高解释水平注重抽象的、宏观的、去背景化的信息，强调"为什么"。Ng 和

Houston（2006）将品牌联想分为两种类型，抽象程度较高的称为整体信念或原型性联想，侧重利益和态度层面；抽象程度较低的称为范例性联想，如具体的产品和服务属性层面。不同的顾客会采用不同的解释水平处理品牌信息，同一顾客在不同的购买阶段也可能采用不同的解释水平。如专家型顾客会关注细节信息，新手可能只关注整体信息；首次购买的新顾客会关注细节信息，消费经验丰富的老顾客则会关注整体信息。因此，企业在构建顾客品牌感知时，既要有具体、细节的内容，也要有抽象、整体的内容，做到"让内行看出门道，让外行看到热闹"。

品牌树的内涵

从目标顾客、主观感知、整体感知这三个关键词看，企业培育品牌的过程抽象且复杂。我们形象地将其比喻为植树的过程，帮助企业更好地理解。春天，所有种植者都撒下种子，有些种出了杂草，短暂生存后随着寒冬到来迅速消失；有些种出灌木丛，对环境适应力较强但难以长高；有些则培育出参天大树，枝干健壮，向下发展出强大的根系，向上生长出茂盛的树冠，对所处环境的适应力和影响力都比较强。

从杂草到灌木丛再到参天大树，生命力、抗击环境风险的能力、在整个生态的影响力越来越强。企业培育品牌，必定希望品牌像参天大树。我们分析培育参天大树需要的条件：蕴含大树基因的种子、适合该树种生长的土壤、科学的养护方法和足够的时间。无疑，种子和土壤是具有决定作用的关键因素。先要选对土壤，然后根据土壤状况遴选和匹配具有大树基因的树种；将好种子播种在适合的土壤中，科学浇水施肥，在树的生长过程中保持主干的健康，及时修剪旁枝侧干。树冠吸收主干和根部的营养，顺势长出大型枝干及细小的枝干。种植者一方面要努力让根系发达，抓握土壤广泛深入，另一方面要努力让树冠不断向高处生长，修剪病枝弱枝以保证树冠的丰满和健康，让这棵树最终成长为参天大树。

我们将渴望培育品牌的企业比喻为在土地上耕耘的种植者，品牌树则是企业建设品牌的成果。植树的两个重要条件（能够生长出健壮主干的树种和合适的土壤）恰好是企业培育品牌的两个关键点（品牌核心价值和目标顾客需求）。企业需要在后续发展中努力让两者不断契合，建立越来越多连接，这就是品牌树的根系。逐渐强大的根系滋养主干，以及基于主干的茂盛的树冠。企业采用的建设品牌的各种策略可以被视为植树工具。

于是，企业建立品牌资产可以视为在目标顾客心智中种植品牌树（见图2-5）。土壤是目标顾客需求，地面以下，品牌树的根系是企业基于资源能力提供的价值与顾客需求之间的联系。地面以上，品牌树的主干和树冠是顾客的品牌感知，其中主干是抽象、整体的品牌感知，称为品牌核心价值；树冠是具体、细碎的品牌感知，称为品牌联想，品牌联想的具体内容由品牌核心价值决定，树冠外围的树叶是品牌知名度。

下面我们具体分析品牌树的树冠，即目标顾客的品牌联想。品牌联想建立在顾客与品牌的关系基础上。我们从左右和上下两个视角分析树冠结构。从上下来看，底层的品牌联想表现为顾客因为受到具体的产品或服务属性的吸引与品牌建立联系，上层的品牌挚爱体现为顾客与品牌之间已经演变为更抽象的利益和态度层面关系。由下至上，顾客与品牌的关系逐渐紧密,由一般顾客逐步升级为粉丝。

底层树冠的左右结构区分了品牌联想的类别。Bhat 和 Reddy（1998）将顾客的需求分为功能性需求和象征性需求,前者同实用性有关,后者同自我形象、社会认同有关。在功能性需求驱动的行为中,顾客通过认知及理性的信息处理机制做决策,如产品各属性的重要性、判断不同品牌在各属性上的优劣等。在象征性需求驱动的行为中,顾客用主观的情感动机,如喜爱、自豪感、刺激、表达自我等作为决策依据。品牌树冠的左右结构与人脑的结构是一致的:左侧处理理性信息,右侧处理感性信息。

图 2-5　顾客心智中的品牌树:在产品/业务层面实施品牌决策

品牌树—品牌林—品牌生态

理解了品牌树，企业建设和维护品牌资产的过程可以形象比喻为四个步骤：规划品牌树寻找大树基因，在顾客心智种下品牌树，护树育林建生态，监测品牌的健康情况（见图 2-6）。规划品牌树帮助企业根据目标顾客需求和本企业的资源能力遴选品牌核心价值，解答的问题是如何能够努力比竞争对手做得更好，帮助企业提升努力的效率。种植品牌树是企业在目标顾客心智建立起主观整体品牌感知，回答如何让目标顾客觉得自己比竞争对手做得好，帮助企业达成努力的效果。护树育林建生态则是为了有效应对不确定环境中的机会与威胁，保持品牌价值创新，通过品牌延伸和跨界实现企业的持续发展，在动荡的环境保持和增强竞争优势。监测品牌树的健康情况则贯穿品牌建设全过程，协助管理者把握品牌建设效果。

图 2-6　品牌树—品牌林—品牌生态—品牌监测循环圈

从品牌树到品牌林再到品牌生态，我们用一个简单的逻辑帮助企业思考如何建立并保持竞争优势。我们希望，拥有品牌思维的企业，聚焦目标顾客的需求，专注累积自身的关键资源和培养核心能力，建立竞争优势，并在经营中依靠逐渐增长的竞争优势摆脱低层次的同质化竞争，专心为目标顾客创造价值。接下来的章节中，我们会详细解读每个部分的具体决策，帮助企业规划和种植品牌树，养护品牌树、培育品牌林并建立品牌生态，同时监测品牌建设的成效。

十年树木，建设品牌需要时间。值得欣慰的是，只要方向是正确的，方法是完善的，每走一步对实现品牌目标都有效。北新建材和三星电子，均坚持数十年将品牌打造成企业的核心竞争优势。对品牌内涵的深刻理解，使这些优秀的企业能够在面临转型升级的关键时刻认识到以品牌为抓手的重要性。更可贵的是，他们通过建立品牌管理体系，将抽象的品牌思维内化于具体的企业战略和策略，获得了品牌建设的实效。

如果您所在企业（或负责的业务、产品）正准备以品牌为发力点谋求转型升级，请着重考虑如何将品牌融入日常具体的管理行为，实现落地。首先请在企业层面思考：如何将抽象的品牌思维转化为具体的品牌决策？运用品牌屋工具审视，是否具备清晰的品牌战略目标、建立了品牌组织和文化、搭建了公司品牌和产品/业务品牌的品牌组合，并明晰各自的作用和彼此如何协调配合？是否具备能够支撑品牌长期持续发展的关键资源和核心能力？如果以上回答均是明确和肯定的，则可以使用品牌树工具，在产品/业务层面启动建设品牌的决策，思考下列问题：企业是否理解所选择的土质，即深刻洞察了目标顾客需求？拥有的种子是否蕴含大树基因，即品牌核心价值是否明晰，是否能够支撑目标顾客的品牌整体感知？面对市场的风雨，是否想过如何护树、育林和建设品牌生态？是否了解品牌建设的效果？这些问题您会在接下来的章节中找到答案。

第三章

与目标顾客建立强关联

"要让顾客知道,你不仅销售产品,重要的是,你有自己的价值主张。"
——霍华德·舒尔茨(星巴克创始人)

在充分竞争的市场中，品牌能否成为某些顾客的唯一选择，取决于企业能否与目标顾客建立日渐丰富的关联。从品牌树的角度看，是树种与土壤相互结合，持续生长出强大根系的过程。困惑于无法通过品牌建立竞争优势的管理者，需要审视品牌与顾客是否存在紧密的关联，这些关联是否具有不断丰富和增强的潜力。

本章讨论如何规划品牌树，包括寻找合适的土壤，并根据土壤条件遴选具有大树基因的树种。规划品牌树的目的是，为树种与土壤之间建立尽可能丰富的联系，培养强大的根系为未来留下发展空间。重点是通过对目标顾客需求的洞察，筛选及提炼品牌核心价值，为品牌找到持续与目标顾客发展关联的基础。

星巴克：粉丝比流量重要

霍华德·舒尔茨将普通的商品转化成了文化现象——星巴克的诞生就像一段传奇。1982年，当更多美国人开始在本地咖啡馆或甜甜圈店花50美分购买一杯咖啡提神时，深深沉醉于意大利咖啡文化的舒尔茨坚定地认为，一定有一些美国人不会满足于仅仅能提神的咖啡，而是希望享受更高品质的咖啡，并需要找到能成为工作地点和家以外"第三空间"的舒适场所，一个能允许他们放松、欢聚，或一个人独处的地方。舒尔茨认为，"第三空间"对不同的人具有不同意义，对25～44岁、受过良好教育的都市白领尤其重要。几年后，舒尔茨实现了梦想，位于西雅图的三位创始人同意将星巴克卖给他。从此，星巴克开创了持续营造鲜活咖啡文化（live coffee culture）的商业之道。

舒尔茨为基于"鲜活咖啡"构建的"第三空间"明确了三个要素：

好咖啡、好服务、好环境。首先，好咖啡。星巴克坚持提供品质最好的咖啡，依照严格的采购标准从非洲、拉丁美洲和亚太地区最好的咖啡产区采购，控制供应链，直接与咖啡产地供应商合作采购绿色咖啡豆，严格监控咖啡的烘焙流程，并控制全球零售门店的配送。其次，好服务。它代表了以服务为基础的顾客关系。星巴克的目标是培育一种关系，让顾客一走进店门就感到温暖和兴奋，由认识、熟谙咖啡之道的专业服务人员按自己惯常喜欢的方式制作出咖啡，所包含的内容一定不止"提神"这么简单。最后，好环境。它意味着氛围。舒尔茨深知，虽然人们是来喝咖啡的，但让他们决定留下来的一定是咖啡店的氛围。因此，大多数星巴克咖啡店都设有舒适的座位，布局设计非常用心，力争为想要逗留的顾客营造舒适有品位的环境。舒尔茨说："我们的门店具有普遍的吸引力，它满足的是人类的本能，是群体意识，是人们想要聚在一起的需求。"

"三好"咖啡的坚守

"好咖啡、好服务、好环境"成为舒尔茨日后扩张星巴克商业帝国的核心指导思想，并且在1992年成功上市后得到进一步强化，新增加的每一家门店都在诠释星巴克的"三好"。从品牌树角度分析，"三好"是星巴克品牌树的主干，清晰明确的主干使星巴克时刻不忘初心，始终围绕目标顾客对"三好"的要求做事。而且，由于品牌树主干清晰，每一个新开店都会增强星巴克在目标顾客心智中对"三好"咖啡的品牌联想。同时，因为专注品牌核心价值，星巴克在与目标顾客交互的过程中，能够更清晰地洞察目标顾客对咖啡、服务和氛围的需求，尤其是顾客自己还说不清楚的潜在需求，星巴克将对顾客新需求的理解不断吸纳到对产品、服务的创新中，形成对品牌核心价值的进一步丰富、发展和有力支撑。

从品牌树生长的角度看，对顾客需求的持续跟踪和挖掘是不断增强品牌与顾客联系的过程，也就是发展根系。根系越发达，品牌树与顾客需求土壤的连接越紧密。同时，发达的根系会滋养茁壮的主干，继而生长出繁茂的大小枝干，星巴克品牌树日益茂盛。星巴克逐渐成为被不断加快的工作和生活节奏裹挟的职场人士，尤其是年轻白领们的最爱。

在之后数十年的经营中，由于始终明确品牌的核心价值和目标顾客需求，星巴克在竞争激烈的咖啡零售市场最大限度屏蔽了竞争对手的干扰，他们知道自己该坚守什么，该放弃什么。在其他咖啡零售商不断投入广告或发放价格补贴吸引顾客时，星巴克没有跟风做广告或打折，而是将重点放在会员计划上，依靠店内的宣传材料与促销活动吸引和维护会员顾客。咖啡豆价格大幅上涨时，如果用一种便宜的咖啡豆替代，只有少数最懂星巴克咖啡味道的顾客能区分出来，而大多数顾客都觉察不到，星巴克顶住成本压力坚决没有更换咖啡豆，因为好咖啡是星巴克的品牌核心价值。

星巴克的坚守，赢得了顾客的高度忠诚。一位典型的美国忠诚顾客一个月平均光顾星巴克18次以上。即使在今天，咖啡已进入更多人的日常生活，星巴克依旧认为自己的根基是会员而不是更广泛的消费群。截至2019年6月30日，星巴克在美国市场拥有1720万名活跃会员，比起2017年的1320万增长了30%。很显然，这个数字与美国的总人口数相比也不是很高。但就是这1720万名会员贡献了美国市场门店销售额的42%。忠诚顾客计划使星巴克成为忠实的会员顾客日常生活中不可或缺的一部分。

植树而非种草

当今的商业世界，互联网的力量似乎打破了原有的商业逻辑，加上资本的助推，一众新锐企业迅速崛起。其中不乏企业依靠打折送券快速吸引顾客，获得了令人羡慕的流量和惊人的业绩。这不免令人心生疑惑，精心培养粉丝似乎不如快速获取流量风光啊？

表面上看这些企业似乎在快速扩张跑马圈地，其实只要看看它们在地面以下是否正在努力与顾客建立越来越强的连接，就可以在很大程度上预见它们的未来。建立强关联的过程实质上是提升顾客对品牌的涉入程度（involvement）。就像一段感情，双方的涉入程度越高，感情必然越深厚。品牌树的力量在于，从顾客的角度来讲，通过发展根系、滋养树冠不断加深顾客对品牌的涉入程度；从企业的角度来讲，通过保持主干和树冠的有序生长聚焦企业的资源和能力。品牌树在地下扎根，在地上生长。审视竞争红海中的一些企业，它们着急获得销量，因而采取了一些饮鸩止渴的策略，如降价、降低产品质量，这些做法无疑是在降低顾客的涉入程度，减少顾客与品牌的关联。因为单纯依赖价格补贴建立的关联非常脆弱，一旦补贴不存在，巨大的流量会一哄而散。

用品牌树工具来分析，上述两种方式很像植树和种草的区别。星巴克志在植树，注重向下扎根向上生长，在乎的是深度和高度，之后才是广度。种草则是平行发展，更在乎广度。因此，植树的企业关心适宜自己生长的土壤，并通过逐步发展根系紧紧抓握住这些土壤，从中吸取养分，哺育主干和树冠。用品牌树工具经营的企业同时在地面下和地面上持续努力，主干和树冠的生长情况取决于根系的培育，而培育根系无疑需要付出长期努力。相比之下，种草圈地的企业关心视野所及的几乎所有土壤，为了能够迅速圈到这些地，它们只能种草，无暇注重发展根系。

当然，我们要看到的是，互联网的出现和顾客需求的变化正在改变原有的植树环境。同样是植树，农耕时代和农业科技时代的要求必然不同。如何借用数字化力量强化星巴克"三好"咖啡的品牌核心价值，是星巴克当下需要思考的关键问题。

那么，如何不断提升顾客的涉入程度，建立品牌与顾客越来越强的关联呢？本章我们用大家耳熟能详的品牌农夫山泉进行解读。相比星巴克，农夫山泉能够种植品牌树更不容易。首先，从产品类别看，不像前面提到的手机、咖啡等产品，饮用水是顾客不会花太多时间和精力选择的产品，顾客涉入程度非常低，而且产品之间的差异非常不容易被感知。由于顾客选购时很少花时间去想不同品牌之间的差异，价格和购买的方便性往往显得更重要，因此，似乎很难创造差异化的竞争优势。其次，从行业环境看，中国的瓶装饮用水市场可谓群雄逐鹿，既有国际巨头，也有本土强手，竞争之激烈难以想象。但是，就是在这样的市场中，农夫山泉作为后入者，面对强敌，成功建立了有差异的竞争优势。

农夫山泉：与顾客建立强关联

"我们不生产水，我们只是大自然的搬运工。"这句耳熟能详的广告语使我们记住了农夫山泉。2020年9月8日，农夫山泉股份有限公司㊀正式在港交所挂牌上市。开盘报 39.80 港元 / 股，高开 85.12%，总市值达 4400 亿港元。

农夫山泉包装饮用水的市场份额约占中国饮用水市场的 34%，排名第一，功能饮料、茶饮料及果汁饮料市场份额均为中国市场第三。在巨头云集、竞争激烈的中国软饮料行业，农夫山泉是如何做到傲视群雄的？

抓住两个关键点

农夫山泉的发展历程，充分映射了种植品牌树的思路——通过遴选具有大树基因的种子，播种在适合生长的土壤上，向下不断发展出强大的根系，与周边的土壤形成稳固的关联，向上则生长出茂盛的树冠，一步步培育成参天大树。简单说，农夫山泉在规划自身发展的早期阶段抓住了两个关键点：①洞察目标顾客需求，选择恰当的品牌核心价值，②采取有效的品牌组合策略尽力将品牌核心价值沟通和传递给顾客，然后在其后 20 多年的发展中努力将这两个关键点夯实到位。

从 20 世纪 80 年代初开始，短短 10 余年里，我国瓶装水企业发展到 1000 多家。受到水源地地域的限制，这些企业多局限在地方市场发展，没有一家能够扩展到全国范围。到 20 世纪 90 年代中期，随着自来水净化技术的成熟，纯净水应运而生。由于不受水源地资源的限制，可以根据市场需求建立水厂并广泛分销，同时饮用方便、快捷，纯净水迅速风靡全国。国内不少饮料生产厂家开始大量从国外引进自动化生产线生产纯净水，并通过广告宣传及渠道拓展开拓市场。

㊀ 公司官网 https://www.nongfuspring.com/，以下简称农夫山泉。

其中的代表企业娃哈哈就是从儿童营养液行业进入纯净水行业的企业。娃哈哈以明星为代言人，凭借广告歌"我的眼里只有你"，迅速发展为当时的纯净水第一品牌。

娃哈哈的成功吸引了大批跟随者，乐百氏以"27层净化"的广告跟进，很快获得2亿元销售额。于是，纯净水行业爆发广告战、渠道战及价格战。似乎一夜间，纯净水就进入了百姓生活。尤其是城市中比较关注健康的顾客，迅速认识到仅将自来水烧开喝是不行的，要饮用经过净化技术处理的水。越来越多的顾客认为，喝水不只为了解渴，必须喝干净水才能让身体健康。

成立于1996年的农夫山泉原名为"浙江千岛湖养生堂饮用水有限公司"，位于国家一级水资源保护区千岛湖畔，是养生堂有限公司旗下的控股公司。1998年，公司赞助世界杯足球赛中央五套演播室，搭上世界杯"快车"迅速成为饮用水行业的一匹黑马，凭借"农夫山泉有点甜"的广告语闻名全国。2000年4月22日，公司宣布停止生产纯净水，改为全部生产天然水，并指出纯净水存在的问题：在将自来水加工处理成纯净水的生产过程中，过滤膜不仅去除了杂质，也把钙、钠、镁、钾等对人体有益的矿物质过滤掉了。如果长期饮用纯净水，将会对人体造成不良影响。一石激起千层浪，国内的纯净水厂家纷纷指责农夫山泉存在不正当竞争行为，甚至召开声讨反击农夫山泉的大会。

争论归争论，农夫山泉提出的"天然水"概念很快获得那些认为天然更健康的顾客的认可，市场份额迅速攀升。顾客有了更多选择，有人相信天然的更健康，会选择农夫山泉这类的天然水；有人相信纯净的更健康，会选择娃哈哈这类的纯净水；还有一些人认为所有的瓶装净化水都不存在差别，他们将价格合适、能够方便买到作为选择依据。

农夫山泉天然水打破了纯净水独霸天下的格局，成功立足瓶装饮用水市场，并扩展了注重饮水健康的城市消费群对净化水的认知，消费者开始了解天然水和弱碱性水的概念。

围绕主干有序生长

农夫山泉将"天然健康"作为企业立足之本，指导企业各项策略，同时各项策略的开展又为"天然健康"提供了丰富的支持论据。农夫山泉相继在国家一级水资源保护区浙江千岛湖、广东万绿湖等建成天然饮用水生产厂。公司坚称，不使用城市自来水，全部生产过程均在水源地完成，保证每一滴农夫山泉饮用水都有其天然的源头。每一瓶农夫山泉饮用水都清晰标注水源地，保障顾客的知情权。"我们不生产水，我们只是大自然的搬运工"这句广告语清晰地表明了农夫山泉对瓶装饮用水产品"天然"概念的坚守。

农夫山泉通过广告、短片等，不遗余力地教育和引导顾客认知天然水的重要性。广告"人体中的水，每18天更换一次，水的质量决定生命的质量"极大地提升了顾客对饮用水质的关注程度，农夫山泉借此向顾客传播"弱碱性水"的知识。农夫山泉围绕"天然健康"采取的策略，不断提高顾客对瓶装饮用水的购买涉入程度，增加了顾客选购时考虑的因素。除了习惯关注的价格、购买方便性等，顾客逐渐开始留意水的成分、酸碱度、产地等信息。涉入程度的提高，降低了顾客对价格的敏感度。

一些顾客开始信赖天然水概念，将其视为消费发展趋势，逐渐对农夫山泉品牌建立起有关"水质""弱碱性""天然水源"的丰富联想。

随着品牌联想的丰富，这些顾客自然而然与农夫山泉建立了更强的关联，将其作为唯一选择，逐渐屏蔽掉纯净水品牌。

后来，一些生产纯净水的企业受到启发，将自来水净化后添加钙、钠、镁、钾等对人体有益的矿物质，满足人体所需，即矿物质水，瓶装水市场出现这个新品类。尽管矿物质水与天然水所含的微量元素成分差别不大，但农夫山泉的粉丝们仍然更信任天然水。

理性与感性兼顾

当天然水逐渐被越来越多顾客接受并开辟一个主流市场后，跟随者来了。有跨界的新进入者，也有传统矿泉水企业借势回归者，如恒大冰泉、景田百岁山天然矿泉水等。表面上看，这些企业的进入将分走一杯羹，似乎是对农夫山泉"天然水"领地的争夺；但从深层次看，这些企业的跟随恰恰从侧面向顾客证明了农夫山泉"天然健康"的合理性。农夫山泉将这些跟随者视为合作者，而不是你死我活的纯粹竞争者，持续夯实目标顾客对天然水的理解，强化与农夫山泉的品牌连接。跟随者的进入扩大了关注天然饮用水的消费人群，相当于增加了农夫山泉品牌树的土壤范围。至此，瓶装水演化出三个细分市场：纯净水、矿物质水、天然水。农夫山泉创造了天然水市场并成为领导者。

除了为品牌赋予"天然水源""弱碱性""微量元素"等理性价值外，农夫山泉非常注重塑造情感价值。它没有像其他饮用水企业那样请明星代言，而是聚焦于中国体育产业的发展和水源地人民生活。当其他企业紧盯著名的比赛和体育明星时，农夫山泉关注偏远山区几乎处于空白状态的基础体育教育，推出"阳光工程"公益活动：每销售一瓶550毫升装农夫山泉饮用天然水，农夫山泉就代表顾客捐出一分钱用于阳光工程，统一购置基础体育器材捐赠给贫困地区的中小学。

虽然关心水源地与农夫山泉的天然水属性具有相关性，但由此演绎顾客会因为农夫山泉捐赠一分钱而增加购买却十分牵强。然而，一件简单的小事坚持做，尤其是具有清晰主题地坚持，就成了不平凡的大事。顺着时间脉络观察农夫山泉坚持近7年的"阳光工程"公益活动，每年的活动形式不同，但主题始终紧紧围绕着"水源地""体育"和"青少年"。这些活动将"一分钱""关心水源地""爱心""社会责任"等联想深深镌刻于农夫山泉品牌内涵，使那些相信天然更健康的目标顾客逐渐喜欢上农夫山泉。此时，顾客对农夫山泉的品牌联想从强调理性价值的"左脑"发展到注重感性价值的"右脑"。一旦情感被启动，顾客对农夫山泉的品牌感知很容易从具体、浅层次、注重理性价值，发展为抽象、深层次的情感连接，而且这个过程是潜移默化的。

试想，如果当年农夫山泉追随娃哈哈和乐百氏生产纯净水，那么就必须找到理由让顾客相信自己的产品"更纯净"。同时注定与娃哈哈等竞争品牌在争夺顾客的白热化战场上发生正面交锋，抢渠道、拼广告、打折促销……以今天很多纯净水品牌面临的局面，不难想象，如果农夫山泉当年采取这种战略会遭遇怎样的命运。

从品牌树到品牌林

农夫山泉以种植品牌树的思维经营，在娃哈哈等企业已经耕种的土壤（注重健康的城市人群）发掘出新的机会，以"天然健康"为基因和品牌树主干，在树冠左侧培育出"水源地""天然水""弱碱性"

等天然水属性的支持论据，在树冠右侧通过主题明晰、坚持数年的"阳光工程"公益活动直击目标顾客内心世界的"爱心"和"责任"，激发共鸣。同时，不断将只在简单的理性层面或感性层面受到吸引的普通顾客升级，培养成忠诚度更高的粉丝顾客，将农夫山泉品牌从目标顾客的"选择之一"变成"唯一选择"，使品牌树获得生长。

接下来，如何避免目标顾客因审美疲劳逐渐降低与品牌的关联呢？农夫山泉一方面通过产品创新强化目标顾客的品牌感知，另一方面围绕"天然健康"挖掘新的目标顾客，跟随顾客新的细分需求推出系列产品。例如，针对天然水基本产品开发各种包装规格产品，提升顾客在各种场合使用的可能性；针对年轻人和学生市场开发插画瓶；针对婴幼儿开发远高于国家标准的饮用天然矿泉水；针对高端市场开发取自长白山莫涯泉的偏硅酸天然矿泉水；针对中老年人群推出含锂型天然矿泉水，并冠名全国首档关注认知障碍的记录观察类公益节目《忘不了餐厅》，以遗忘与守望为主题启发人们对阿尔茨海默症的了解和理解。农夫山泉的策略可以理解为一边护树一边育林。

星巴克的"三好"与农夫山泉的"天然健康"，成为它们培育品牌的立身之本，充分说明选择适当的品牌核心价值对品牌树未来成长的重要作用。具有大树基因的种子才可能长出强壮的主干，其有更大可能在未来成长为参天大树。主干确定后，企业需要做的便是向下发展出强大的根系，与目标顾客建立越来越紧密的关联，同时抓握周边更多土质相近的土壤，向上则生长出枝繁叶茂的树冠。采用种植品牌树思维获得的竞争优势不仅仅表现在收入和利润等市场表现方面，更体现为在目标顾客心智中不断丰富的品牌感知，及不断增长的目标顾客。收入和利润可能会随竞争形势有起伏，不断增长的目标顾客及顾客的品牌感知则是其他企业学不去、偷不走的核心竞争优势。

培育品牌就是不断与目标顾客建立日益丰富的强大关联的过程。实践中的难点在于如何平衡品牌核心价值和目标顾客需求之间的关系。我们建议企业先根据目标顾客需求遴选品牌核心价值，即前面提到的企业要先外观（洞察目标顾客需求）再内观（审视企业资源、能力，选择确定品牌核心价值），这样做会认清自身资源和能力的优劣势，找到木桶的长板。在后续的经营中，围绕品牌核心价值确立方向，深入挖掘目标顾客潜在需求，开发符合品牌核心价值且深化顾客品牌感知的新产品，持续将顾客的潜在需求发现和创造出来。

顾客需求驱动的经营理念绝不是盲目听从顾客，企业认清自己才能更好地为顾客创造价值。品牌核心价值的作用是帮助企业循着目标顾客需求，认识和发展自己的竞争优势，同时用品牌核心价值的方向引导目标顾客的感知。我们从三个角度思考品牌核心价值及如何围绕品牌核心价值发展品牌与顾客的关联：

第一，什么是品牌核心价值？为什么要提炼品牌核心价值？

第二，如何遴选更容易与顾客产生丰富和强大关联的品牌核心价值？

第三，如何围绕品牌核心价值建立品牌联想和品牌挚爱，逐步强化与目标顾客的关联？

品牌核心价值：建立与顾客关联的基础

品牌核心价值是企业建设品牌的"宪法"，是建立与顾客关联的基础。缺失"宪法"会导致随波逐流，在疲于竞争的劳碌中逐渐丧失竞争优势。

品牌建设一定要有"宪法"

国家没有宪法会陷入极度混乱。同样的道理，品牌核心价值作为企业建设品牌的"宪法"，指导一切与品牌相关的战略和策略的制定及执行。

品牌核心价值作为品牌建设最高法的作用可以从两个视角理解。对企业内部，品牌核心价值是品牌在相当长的一段时间，可能是数年，也可能是数十年乃至上百年，想为并持续能为目标顾客创造的最重要价值，是在经营过程中聚焦和整合企业资源及培育核心能力的方向标。对企业外部，品牌核心价值是让目标顾客清晰地识别、信任、喜欢直至爱上品牌的原因，也是让利益相关者认识和接受品牌的基础，如农夫山泉的天然健康、三星电子的时尚包容、星巴克的好咖啡及专业服务、苹果的科技创新、沃尔玛的实惠等。

竞争红海中最大的困惑和挑战是，企业不断追求差异化的过程却往往导致同质化的结局。红海中的企业正在相互裹挟的"努力"过程中逐渐丧失各自的竞争优势。那么，不妨换个角度，先暂时忘掉竞争对手吧！这样才能回归目标顾客需求及企业的资源能力，重新审视战略策略的合理性。毋庸置疑，针对品牌核心价值的思考会帮助企业重新找到自我，更清醒地认识企业资源和能力的价值，从而采取更清晰的战略和策略培育核心竞争优势，而不会受到销售业绩暂时波动的干扰。

农夫山泉以注重健康的城市人群为目标市场，选择"天然健康"作为品牌核心价值，所有营销策略均以"天然健康"为最高指导原则，符合此原则就做到极致，违背此原则就坚决不做。农夫山泉在品牌核心价值指导下迅速抢占关键资源，与中国几大天然水源地签订长期合作合同。产品方面，农夫山泉不使用城市自来水，坚持只在水源地建厂，让每一滴农夫山泉饮用水都来自天然水源，才可以霸气地宣称"我们不生产水，我们只是大自然的搬运工"，与其他主打纯净的企业鲜明地区隔开来。沟通方面，农夫山泉始终围绕"天然健康"做文章，通过一系列有冲击力的广告，向顾客宣传水质、成分、酸碱度、水源地等专业知识，将天然健康的品牌核心价值沟通传递给目标顾客，激发顾客形成对天然水有利于健康的丰富的品牌联想。农夫山泉的公益活动也围绕"水源地"设计，进一步强化品牌联想。也许在农夫山泉进入市场之初，一些顾客仅仅出于好奇和尝新购买农夫山泉产品，但农夫山泉经年累月对"天然健康"的坚持，逐渐在目标顾客心智中深深植入有关"天然水"的各种丰富联想，培养出为数众多将农夫山泉作为唯一选择的粉丝。

作为建设品牌的最高指导原则，品牌核心价值指导企业将有限的资源和能力整合在一起，集中兵力，沿着品牌核心价值的主线建立与顾客的关联，这种关联是有序且有延展力的，更容易成为企业的核心竞争优势。用品牌树来理解更简单明了，主干健康茁壮的树，通常拥有发达的根系，紧紧抓握土壤并时刻从中汲取养分，养育丰茂的树冠。

也许你认为农夫山泉品牌的成功存在偶然性，毕竟早年中国瓶装饮用水市场处于初级阶段，顾客的需求存在大量潜在的未被挖掘的空间，农夫山泉运气好，押宝在"天然水"上获得了成功。下面我们来看一个处于成熟市场的产业品牌，如何通过提炼品牌核心价值获得成功。

上海锦湖日丽塑料有限公司㊀原本在塑料行业处于第三梯队，面对跨国公司和上市企业的竞争，销售人员只能以价格比竞争品牌低艰难地争取订单。后来，公司专注"聚合改性塑料"，突出PC/ABS品类的技术领先优势，在全球范围内重金聘请顶级技术专家，坚守几年在高电镀结合力的PC/ABS开发上率先获得突破。总经理辛敏琦说："我们每年在研发上的投入与其他公司差不多，但别的公司不聚焦，只投入1/3在PC/ABS领域，而我们则是100%投入这个品类。当然，资金投入并不是最主要的，更重要的是最高管理层的注意力投入，这才是企业最稀缺的资源。对手只将一部分注意力放在这个领域，而我们整个公司上下一心，全神贯注只做这个领域。结果，我们在很短的时间内推动了产品升级，拉开了和竞争对手的距离。客户不再认为各家企业生产同质化的产品，而是把我们看作PC/ABS改性塑料领域的领导者。"

  锦湖日丽选择最能体现"改性塑料"稳定性优点的汽车制造商为突破口，很快获得了通用汽车的认可。随后，根据购车顾客的痛点——汽车内部塑料部件气味大进行研发，开发出低散发的塑料产品，并联合沃尔沃等高端汽车厂商协助推广。由于产品具有鲜明的优点，销售人员有了信心，不必通过降价来吸引汽车制造商，而是集中精力引导汽车制造商关注产品的技术特点，和车企一起深入研究汽车消费者对汽车塑料部件的深层次需求。销售人员将这些需求带回公司，引导产品的研发迭代，进一步提升了满足顾客需求的能力。尝到甜头后，锦湖日丽坚持在"PC/ABS改性塑料"领域投入，逐步成长为这个细分领域的领头雁。

㊀ 公司官网http://www.kumhosunny.com/，以下简称"锦湖日丽"。

无论消费品牌还是产业品牌，无论身处市场发展早期，还是竞争白热化的红海，品牌核心价值均可以有效帮助企业校准努力方向，聚焦资源，取得事半功倍的效果，在日趋激烈的竞争中逐渐超越竞争对手。

忌"多"和"变"

品牌核心价值是品牌与顾客建立关联的基础，强关联必须有中心点，具有向外发散的能力。核心体现于专注和坚守，品牌核心价值一忌多，只有专注和聚焦，企业才能更好地集中所有资源和能力，长期坚持，从而在开放的竞争激烈的市场中建立竞争优势。而且，从顾客感知看，品牌诉求过多会扰乱注意力，不利于建立清晰的品牌感知。用品牌树工具来审视更容易理解，参天大树的显著特征是健壮的主干，一定要常常修剪旁枝侧干。

农夫山泉20多年来坚持"天然健康"，企业各类资源的投向非常明确，企业核心能力便得以发展。如与中国有限的几个大型天然水源地签订长期合同，在水源地建厂占据资源和地域优势，同时产品的研发和沟通全部围绕"天然健康"展开，竞争越激烈，聚焦策略越安全和有效。

如果品牌核心价值多于一个，企业需要注意几个方面之间的内在逻辑关系是否顺应顾客的认知及认知可能的趋势。"天然"和"健康"在顾客的认知中原本就有内在联系，农夫山泉不需要花费过多资源和精力来启动两者的关联，借势而为比刻意营造更有效。但是，随着人们对环境破坏的认识，一些顾客可能会关注天然水源是否被污染，农夫山泉很自然地增加了第三个品牌核心价值"安全"。一些顾客对中国部分天然水源可能被污染存在顾虑。对此，农夫山泉采取了很多措施致力于保护天然水源和提升天然水源的饮用安全性。公司的水质检测员深入水源深处取水样进行检测，让顾客放心。与此同时，公司的水质勘探师一直坚持不懈到深山老林寻找更好的水源。广告片"一个你从来不知道的故事"描述了水质勘探师方强 18 年来到处寻找优质水源所做的努力和坚持。这些策略单独看可能只是一个主打情怀牌的广告，但与农夫山泉的各项策略联系在一起时，就很容易看出，所有策略无一不来自对农夫山泉"天然健康"品牌核心价值的坚守和诠释。

品牌核心价值二忌变，听到一个新鲜概念就赶紧跟风最不可取。 如同植树一样，建立品牌是长期过程，需要定力。所谓树挪死，除非土质发生根本性变化导致树木无法生存，否则不要轻易移植，树在稳定的土壤生存才更有可能成长为参天大树。同时，大树在生长过程中与周边的土壤相互改变，互相影响，共同营造有益于彼此的微环境。树根延伸出去，吸取周边土壤的养分，这块土壤也因为树的存在和生长得以稳固和扩大，通过与树的互动，吸收落叶的养分，借助树的根系保持水分，防止由外部环境变化引发的水土流失。

企业发展过程中无法回避竞争对手的攻击，此时最忌讳丢失自我，尤其是看不清竞争对手的策略是长效还是短效就盲目跟风。暂时的销量上升很可能不持久，风潮过后一地鸡毛。持续有效的策略必然顺应顾客需求的改变，企业在洞察顾客需求的基础上研究竞争对手的策略会更加有效，因此不要盲目跟风。即使发现顾客的需求出现了新变化，也要思考如何围绕自身的品牌核心价值进行适应性发展以抓住新的机会。

农夫山泉品牌始终坚持"天然健康"，坚持不懈在寻找优质水源地和提升水质方面努力。针对学生、婴幼儿等细分市场开发的新产品进一步强化了农夫山泉"天然健康"的品牌核心价值。当发现饮料市场出现更多新需求后，农夫山泉发展了多个子品牌，如东方树叶、炭仌咖啡等。这些品牌在各自细分市场获得了较好的发展，且没有稀释农夫山泉品牌的"天然健康"。用品牌树的思路理解，农夫山泉在饮用天然水市场上培育了一棵参天大树，随着顾客新需求的发展，在茶、果汁、咖啡饮料市场接着培育了一些品牌树，共同组成农夫山泉的品牌林。

遴选品牌核心价值：三力筑牢顾客关联

什么样的品牌核心价值更容易帮助企业建立品牌与顾客的关联呢？从顾客视角考核吸引力，从企业视角反思传达力，从竞争视角审视防御力。

品牌核心价值是品牌的灵魂，是企业面对日益激烈的竞争和不断变化的顾客需求的定力。什么样的品牌核心价值更有利于建立并丰富与顾客的关联呢？即，什么样的品牌树主干蕴含大树基因，更有可能成长为根系发达、树冠茂盛的参天大树？

首先要洞察顾客需求，尤其对潜在需求的前瞻性把握；其次是准确判断本企业的资源和能力；最后还要了解竞争企业的策略。因此，企业要长出三只眼睛，分别盯着顾客、企业自身和竞争企业。我们由此出发，总结了遴选品牌核心价值的三力标准。

吸引力

第一方面，从顾客视角看，品牌核心价值应具备吸引力，这是品牌核心价值有效的前提。吸引力表现为相关性、可信性和差别性。首先，品牌核心价值应该与顾客需求直接相关。在顾客大脑的记忆关联网络中，特定节点间具有直接联系，这些连接由过去的常识、知识和生活经历等决定。企业要善于发现并应用这些联系，为品牌核心价值奠定基础。以饮用水为例，"天然健康"是顾客选择饮用水时自然会想到的属性，农夫山泉可谓顺势而为。由于"天然"与食品具有内在逻辑连接，很容易使部分顾客认同"天然"比"纯净"更优越，因此，那些原本就相信"天然健康"的顾客自然成为农夫山泉的拥趸。

传达力

第二方面，从企业视角看，品牌核心价值应具有传达力，这是品牌核心价值的基础。因为只有方便沟通和传达，才能有效占据目标顾客心智。企业不仅要保证当下的能力所及，还要考虑未来能够围绕核心价值继续发展核心竞争优势。从企业角度看，品牌核心价值要具备以下特性：可行性、可沟通、能持久。十年树木，品牌核心价值一旦选定，要坚持数年才能获得成效。因此，企业必须思考自身拥有的资源、能力是否可以保证在相对长的时间内坚持维护所选定的品牌核心价值。以农夫山泉为例，他们在确定可以与中国几大天然水源签订长期合作协议后，明确"天然"这个核心价值是可行的。同时，从能力上看，农夫山泉擅长广告创意和沟通，"农夫山泉有点甜""水的质量决定生命的质量""我们只是大自然的搬运工"等系列广告脍炙人口，简单清晰地让顾客知道并记住农夫山泉的"天然健康"。

防御力

第三方面，从竞争视角看，品牌核心价值应具有"防御力"，这是在动态竞争环境中应该考虑的因素。因为竞争者的反应会干扰目标顾客对品牌核心价值的感知。"做企业的事，操行业的心"，只有行业健康发展，企业才能有更大的成长空间。这一点对于市场后入者尤其重要。品牌核心价值与竞争对手的品牌诉求要有差别，但不能有矛盾，要形成竞合关系，而不是单纯的竞争关系，更不能是"有你没我、你死我活"的对立关系，否则很容易在发展初期实力较弱的时候遭遇竞争对手毁灭性的进攻。从这一点可以看出农夫山泉的高明，"天然"与其他先入者所宣传的"纯净"在最初形成竞争关系，引起竞争者的警惕和反击。但一段时间后，纯净水企业发现，由于农夫山泉引入天然水，吸引了更多原来只饮用自来水的顾客加入瓶装饮用水市场，整个市场扩大了。竞争对手从竞合关系中获得了好处，瓶装饮用水市场最终形成纯净水、矿物质水、天然水三分天下的格局。

如果企业提炼品牌核心价值时面临难以取舍的困难，可以使用三力原则进行比较，选择更适合的。如果顾客需求处于基本层面，竞争品牌也多用此诉求作为品牌核心价值，此时想提出独特的品牌核心价值可能会有困难，企业可以根据以下情况做出选择。第一种，如果顾客对多数企业提出的品牌核心价值整体理解是积极正面的，只是内涵比较空泛，企业可以采用基本需求作为品牌核心价值，将策略重点放在经营过程中，逐渐丰富产品和服务细节，让顾客对看似空泛、缺乏差异化的品牌核心价值形成更具体的理解。如当下很多保险企业用

"专业""责任"等作为品牌核心价值，平安集团也将专业作为品牌核心价值，提出"专业让生活更简单"，采用平安金管家等科技工具让顾客感受到什么是专业的服务，专业到底能为顾客带来什么，从而与同样主打"专业"的其他保险公司区别开来。第二种，如果顾客对基本需求的理解已经被行业内竞争企业使用得比较混乱，企业可以更换新的说法或词语，切忌使用被行业滥用却普遍没有做到的词语作为品牌核心价值。

品牌联想的不断丰富：有序强化顾客关联

品牌核心价值是品牌树的主干，围绕主干长出丰满有序的树冠。树冠和主干满足了顾客的双重需求——了解更多细节，尽可能简化购买决策。

从"至简"到"至繁"再到"至简"

从品牌树的结构看，品牌核心价值是树的主干，清晰明确的主干才能保证围绕主干生长的枝干健康，每个健康的枝干会继续生出小的树枝，树冠的外围是自然生长的树叶。品牌树越来越繁茂，长成参天大树。仔细想，这一生长过程是有序的，从主干到支干，到更细小的枝干，再到树叶。深植土壤的根系和健康的主干是参天大树的重要前提条件。与树的生长规律相似，品牌的生长从确定健康的、具备生长力的品牌核心价值开始，围绕品牌核心价值逐渐丰富品牌联想，包括理性联想和感性联想，进而获得有品牌联想支撑、有意义的品牌知名度。

以品牌树来比喻品牌培育过程，树的核心特点是，它不断生长，而且围绕主干有序地生长，以此推导，品牌联想要围绕品牌核心价值有序建立。就像每根大枝干的生命力都来自主干的营养一样，品牌联想中每个理性或感性的品牌感知，如产品的材质、技术基础等，都在为品牌核心价值提供有力的支持和证明。同时，大枝干上不断生长出来的小枝干会让树冠更丰满，每个属性也需要更多围绕该属性的细化属性或策略来支撑，这些细化的属性来自适合当下场景的具体表达。不断增加的理性和感性价值会强化顾客的品牌和产品认知。理性价值给予顾客选择品牌的理由，感性价值则使顾客信任和喜欢品牌。顶层的品牌挚爱则是顾客爱上品牌的理由。

同时，顾客又是懒惰的。顾客尽管挑剔，但在做出购买决策时往往希望有简化的依据让自己不要买错就好。此时，品牌树的主干起作用了。清晰明确的品牌核心价值极大程度简化顾客的购买决策。所以，我们看到了至简到至繁再到至简的过程。对企业来说，从品牌核心价值出发，围绕核心价值培养丰富的品牌联想，为品牌核心价值建立越来越多的证据，这是 至简到至繁。对顾客来说，了解产品和品牌各种细碎的知识，最终做出购买决策，这又是 至繁到至简。顾客对品牌繁简信息的需求既矛盾又统一。企业用品牌树丰满的树冠满足其至繁需求，用品牌树专注的主干满足其至简需求。

以农夫山泉为例，在品牌树树冠的左侧，也就是顾客的左脑，精心培育了"水源地""水质""酸碱度"几个枝干。首先，强调农夫山泉是"水源地建厂、水源地罐装"的健康天然水，不是生产加工出来的，更不是后续人工添加矿物质生产出来的。其次，宣传人体需求的水质是含有天然矿物元素的饮用水，以千岛湖为例，它属于国家级水资源保护区，水质纯净，农夫山泉产品就取自千岛湖60~70米以下的深层水。最后，提升顾客对水的酸碱度的认知，天然弱碱性水的pH值是7.3，有利于人体健康。所有信息以"大自然的搬运工"加以高度概括，使农夫山泉拉开了与竞争对手的距离，获得了顾客的信任。

"农夫山泉有点甜"暗示水源的优质，吸引顾客来品尝。顾客在好奇心的驱使下购买品尝，此时激发出相对较高的购买量，对上市初期的农夫山泉是非常大的保护。仅仅受概念吸引来尝新的顾客喝过觉得不甜可能就不喝了，但认同天然水源更健康的顾客很可能越喝越甜，因为"甜"的感受原本就是主观的。认同"农夫山泉有点甜"的顾客最终成长为农夫山泉的粉丝。

在品牌树树冠的右侧，也就是顾客的右脑，农夫山泉开展"阳光工程"等与水源地有关的公益活动。长期坚持的结果是与顾客内心世界碰撞出共鸣，激发出顾客对于农夫山泉具有爱心和责任的品牌联想，进而进一步强化了顾客对农夫山泉的情感认同。顾客对农夫山泉的品牌感知升华为品牌挚爱。农夫山泉品牌树枝繁叶茂、健康成长。

与不断围绕品牌树主干做加法的生长思维相反，在激烈竞争中不断丧失竞争优势的企业，很多都是在做减法，如通过打折等优惠措施吸引顾客，却忽略了这样做虽然在短期内很容易让顾客掏钱包，但实则在降低顾客思考的维度。不断削减顾客的品牌联想，最终的结果是顾客越来越贪便宜，只依靠价格进行选择。所以，企业在抱怨顾客只看重价格的时候，一定要反思自己的营销策略，是否在不断减少顾客的思考维度，降低顾客的涉入程度，将购买决策逐渐引导为越来越关注价格。

理解树冠的结构

还有一些企业将培育品牌简单视为提升品牌知名度。殊不知，没有品牌联想，知名度只会昙花一现，并给企业未来的品牌建设留下巨大障碍。高知名度、低品牌联想的状况被品牌学者戴维·阿克（David Aaker）㊀形象地比喻为"品牌坟墓"。也就是说，比低知名度、低品牌联想的状况还要差。因为顾客的注意力有限，宁愿分给自己没听说过的新品牌，而不愿再关注已经耳熟能详但实际上不知所以然的品牌。因此，之所以将只有高知名度但缺乏品牌联想的品牌称为品牌坟墓的原因是，顾客有限的注意力使得这些进入坟墓的品牌后续的沟通策略效率大打折扣。从品牌树的角度看，知名度是树叶，品牌联想是枝干，树叶必须以枝干为基础才有生命力。

因此，企业创建品牌之初，必须深刻洞察目标顾客的现实和潜在需求、依据企业的资源能力发掘创造核心价值，并通过持续整合的营销活动建立品牌核心价值的支持体系：理性联想和感性联想。建立品牌联想的过程，自然而然就产生了品牌知名度。让每一位知道品牌名称的顾客都能理解品牌核心价值以及与核心价值相关联的品牌联想。

品牌树的枝干不是随意生长的，虽无一定之规但有大致原则。对于实物产品类的品牌，尤其是技术含量和复杂度高的产品类别，要注重理性价值，可以包括产品的技术基础、原材料、产品的主要功能等。感性价值用来配合提升顾客的情感。如果产品的复杂度非常低，

㊀ 戴维·阿克的系列图书"品牌经典系列"已由机械工业出版社出版。

是顾客熟悉的消费品，则可以考虑理性价值和感性价值相结合。对于服务类品牌，因为与顾客有很多接触机会，可以考虑丰富感性联想。需要注意，感性联想不容易被顾客清晰明确感知，所以要注意与本企业具体策略紧密结合，并注重细节。

无论哪一类品牌，在建立了具体的理性联想和感性联想后，企业一定要有不断升级顾客与品牌关系的意识，即**从具体的理性价值或感性价值联想升华为品牌挚爱**。品牌挚爱指顾客对品牌的感受已经超越了一般意义的满意和忠诚，产生了强烈的情感依恋，此时顾客已将品牌和品牌典型的顾客形象纳入自我身份的构建中，即"我就是这类人"。强烈的身份认同一定不仅仅基于品牌的功能，更在于品牌体现出来的价值观。价值观将产生品牌挚爱的顾客紧紧凝聚在一起，不断吸引具有同样身份认同和价值观的人加入其中。拥有品牌挚爱的顾客比例越高，品牌与顾客的关系会越紧密，对竞争对手策略干扰的抵抗力越强。

表 3-1 列出了品牌联想和品牌知名度的具体含义及考虑的方向。

表 3-1

品牌挚爱	顾客与品牌建立的终极关系，包括态度认同、行为忠诚、情感共鸣、归属感、投入时间精力资源的意愿等	
品牌价值	理性价值：产品属性、成分、功效；可靠性、耐用性；设计与风格；购买及使用情景；服务效果等	感性价值：典型顾客的形象；品牌个性（真挚、刺激、胜任、精致与坚韧）、品牌感受（温暖、乐趣、兴奋、安全、认同、自尊等）
品牌知名度	顾客有能力辨认出品牌，或者在出现品类、购买和使用情境时能够想到该品牌	

比顾客更懂顾客

遴选具有大树基因的品牌核心价值的前提，源于对目标土壤的深刻理解和洞察。显然，树种是否具有大树基因，能否成长为参天大树，基于对土壤的分析和理解。同理，找到合适品牌核心价值的前提是对目标顾客需求的深刻洞察，企业要努力比顾客自己更了解他们的需求。

首先，企业必须改变"来的都是客"的想法。 企业应当选择目标顾客，了解他们最在乎的属性，并努力在这些属性上做到最好。今天的市场，任何一家企业想要在产品和服务的所有属性上都做到比所有竞争对手好是不可能的，更是不必要的。因为今天的市场更多呈现分众状态，相比需求基本相同的大众市场，分众市场各个顾客群相对界限清晰，彼此之间的需求存在差异化。企业要紧紧把握目标市场，结合自身优势围绕目标顾客最关注的属性开发产品和服务。企业在这些方面的优势会越来越明显，最终成为在这些方面做得最好的品牌，从而塑造出超越竞争对手的相对优势。至于目标顾客不在乎的属性，则可以保持行业平均水平或稍高即可。

随着市场的发展和成熟，越来越多市场呈现从大众市场到分众市场再到小众市场的演变。这种变化为企业培育粉丝创造了更好的条件，同时也使"大众情人"型的超级品牌逐渐失去吸引力。如"完美日记""三只松鼠"等新兴消费品牌只用 3～5 年或更短时间，就达到该品类领导品牌在过去 10 年甚至更长时间才能达到的规模。这些新兴品牌往往呈现出被一群顾客疯狂追捧，在另一群顾客中默默无闻的局面，市场正在逐渐碎片化。

所以，行业竞争不断加剧，顾客需求日益挑剔的市场形势下，从表面看，似乎企业成功的机会越来越少。实际上，对于有能力洞察顾客的潜在需求，尤其是分众市场或小众市场顾客需求的企业，机会不仅没有变少反而大大增加了。企业要善于开辟新赛道，如农夫山泉；或者聚焦于某类顾客或某种产品属性，扩充赛道的维度和丰富度，如锦湖日丽。总之，越是深陷红海，企业越要思考创新之路，而不是机械模仿竞争对手，在相互裹挟的同质化僵局中越陷越深。

其次，企业要投入资源培养洞察顾客需求的能力。可以说，要想在今天的市场中立足并取得竞争优势，在研究顾客需求方面无论多么努力都不为过。企业不仅仅需要知道顾客是谁，他们想要什么，更需要知道顾客在做什么。传统的市场调查已经跟不上企业的需求了，大数据分析可以帮助企业更清晰准确地理解顾客。企业必须掌握、积累并仔细研究顾客的购买行为数据，通过顾客的实际行为分析其深层需求动机，从而推导顾客的潜在需求。三星电子和农夫山泉的案例都说明，企业对顾客需求的理解不能停留在表面。三星电子发现注重时尚的年轻顾客群更换电子产品的频率变高，农夫山泉发现注重健康的城市人群对于瓶装水的需求不仅有纯净，还有天然。所以，企业要努力理解、研究顾客，积累顾客知识，并能将顾客知识汇集裂变为自身能力，最终成为洞悉目标顾客需求的专家。

再次，企业不仅仅要努力理解顾客，更要学会换位思考，站在顾客的立场设身处地思考顾客需求。因为，很多时候顾客也不清楚自己想要什么。乔布斯说过，"不要去问顾客，他们根本不知道自己想要什么。"事实上，乔布斯对顾客的理解是极致的。因为他自己就是一位懂产品且最挑剔的顾客，能让他满意的产品对于普通顾客来说，很大可能会成为"惊喜"。有些公司设立首席体验官一职，其实，企业需要倡导每个员工都转变为体验官，变身为超级顾客。

最后，企业可以考虑与顾客一起开发和创造价值。这样更容易

把握顾客需求价值的差异化和动态化。以诺基亚和苹果为例,前者是产成品思维,后者是半成品思维。产成品思维模式下,企业独自创造价值然后将自己认为最好的产成品交给顾客,但因为顾客需求千变万化,顾客一旦不满意,就会抱怨企业。但在半成品思维下,企业只提供产品平台,请顾客一起参与产品价值的挖掘和实现,更容易满足每个顾客需求的独特性和变化性。苹果手机其实只是半成品,配合应用商店中提供的各种软件,才能成为成品被充分使用。因此,顾客买到智能手机其实是只买到半成品,要亲自参与成品的生产过程,到应用商店去下载自己需要的软件。手机只是一个载体,产品价值却随着顾客的参与在不断改变。

市场终极评价标准是顾客的感知价值。成品思维下,顾客买到满意的品牌那一刻感知价值是高的,但一旦看到自己购买的品牌在某方面不如竞品,感知价值可能马上随之降低。此时顾客不会将原因归结为自己,而是怪罪所购买的品牌。半成品思维下,顾客会根据自己的需求参与产品的完成过程,感知价值自然会高。

闯关游戏:规划你的品牌树

使用品牌树工具规划产品或业务,重点是明晰目标顾客及需求,品牌树主干和树冠的结构。

规划品牌资产至关重要,企业管理者可以使用品牌树工具来检视本企业在品牌树规划方面是否存在改进空间。规划的对象可以是业务品牌或产品品牌。针对新品牌,可以用品牌树协助进行推向市场前的规划；对于已有品牌，可以作为品牌管理策略效果的评测和改进。

让我们从闯关游戏开始吧。

第一关，请品牌的决策层描绘品牌树。包括目标顾客是谁，是一个大市场还是特定的细分市场，顾客的需求是什么；品牌的核心价值是否清晰明确，在吸引力、传达力和防御力方面表现如何；品牌核心价值能否持续与顾客需求建立日益丰富和强大的关联；品牌树的树冠左右是否具有丰富的品牌联想信息，这些品牌联想信息是否清晰有序，能否充分体现品牌的核心价值；品牌是否拥有粉丝，占现有顾客的比例。闯过第一关说明企业决策层具有清晰的品牌管理思路，可以进入第二关。

第二关，请品牌的执行层描绘品牌树。内容与对决策层的要求相同。如果执行层画出的品牌树与决策层画出的品牌树高度重合，说明企业执行层对决策层的品牌战略有准确而清晰的理解。可以进入第三关。

第三关，请典型顾客描绘品牌树。选择有代表性的目标顾客，请他们根据自己拥有的品牌感知描绘总结品牌核心价值，品牌的理性联想和感性联想。如果典型的目标顾客所描绘的品牌树与前两关中企业内部描绘的品牌树高度一致，说明企业的品牌管理工作非常有效。

闯关游戏中如果没有顺利通过任何一关，企业都可以明晰品牌管理工作有哪些可以提升之处。而且，这个闯关游戏建议时常做做，比如半年或一年一次，可以帮助企业动态审视品牌建设的效果。

品牌树清晰展示产品／业务层面品牌决策的过程和结果。首先要匹配种子和土壤，遴选具有大树基因的树种和适合此基因的土壤。这样才有可能向下培育出强大的根系，向上生长出挺拔的主干和丰满的树冠。蕴含强大生命力的小树苗经年累月吸取天地日月精华，成长为参天大树。用植树的思维经营品牌，坚守品牌核心价值，通过洞察目标顾客需求，不断拓展和丰富品牌与顾客之间关联，从而在目标顾客心智建立丰富的品牌联想，使品牌逐渐发展为目标顾客的唯一选择。

请以品牌树为管理工具，思考您所在企业的产品／业务的品牌决策。目标顾客明确吗？品牌核心价值清晰吗？品牌核心价值在吸引力、传达力、防御力方面的表现如何？是否正在建立和发展品牌与顾客需求之间更加丰富的关联？如何围绕品牌核心价值，不断培育丰富的品牌理性、感性联想？是否有将目标顾客对品牌的关系从具体的底层联想升华为抽象的高层共鸣的意识和方法？

第四章

将客观表现转化为主观感知

"苹果的营销哲学——共鸣、专注、灌输。"

——迈克·马库拉(苹果公司首位投资人)

鲜有企业不进行规划便将产品盲目推向市场。但放眼现实市场，真正植入顾客心智、为顾客所喜爱的品牌却屈指可数。所以，企业认真规划品牌非常重要，更重要的是通过适当的策略将品牌深植于目标顾客心智中。实践中的难点是选择适当的策略，及一定时间内的坚持。用品牌树工具看，将品牌深植于目标顾客心智中是将规划好的品牌树种植到目标顾客心智的过程，目的是让目标顾客觉得企业的产品和服务比竞争对手好，需要思考的是如何将产品和服务的客观表现潜移默化地转化为目标顾客的主观感知。

本章讨论如何种植品牌树。围绕品牌核心价值，如何选择适当的植树工具？如何合理使用植树工具？植树过程中有哪些注意事项？要点是通过科学规划和执行品牌组合策略，向顾客展现品牌核心价值及支持论据。

苹果：《1984》与《非同凡想》

迈克·马库拉是苹果公司的首位投资人，在苹果公司创立之初投资了25万美元。除了提供资金外，马库拉对苹果公司更为重要的意义是，他以自己早年在英特尔等公司负责市场和销售工作时积累的经验总结的"苹果营销哲学"，深远地影响了乔布斯的管理理念和苹果公司的后续发展。马库拉告诉乔布斯："你永远不该怀着赚钱的目的去创办一家公司，你的目标应该是做出让你自己深信不疑的产品。"他总结了经营企业的三个关键点：第一，要紧密结合顾客的感受，与顾客达到共鸣；第二，为达到重要目标必须拒绝所有与该目标关联不大的机会，保持专注；第三，通过给人们留下深刻印象将公司和产品的卓越品质传达给顾客，即灌输。

比创意更重要的是意义

苹果公司的两则广告《1984》和《非同凡想》已成为商业广告史的经典作品，也充分表明了苹果品牌的核心价值。

当乔布斯筹划 Mac 电脑的发布时，他要求广告片充满产品本身的革命性气质，于是就有了《1984》。乔布斯通过《1984》广告传达他希望在顾客心智中建立的苹果的品牌形象：当众多大企业将电脑变成缺失个性、能用就行的使用工具时，苹果的 Mac 电脑是位自由奋斗的战士，冷静、反叛又英勇。乔布斯选择在超级碗比赛间隙播放《1984》，并且巧妙地购买了两秒钟黑屏。当超过 9600 万名观众等着重播超级碗比赛的得分画面时，所有的电视突然变成黑屏，两秒钟后，电视上出现了《1984》的广告，伴着字幕的旁白出现了："1 月 24 日，苹果电脑公司将推出 Mac 电脑，你将明白为什么 1984 不会变成《1984》。"当天晚上，美国三大电视网和 50 个地方电视台都播出了讨论该广告的新闻。《1984》被《广告时代》评为商业史上最伟大的广告。当然更具戏剧性的结果是，乔布斯在 1985 年被董事会从他自己创办的公司赶走了，因为董事会希望占有更多市场份额，获得更多收入。

12 年后，乔布斯被重新请回苹果。此时的苹果已经陷入越想赚钱越赚不到钱的困境。乔布斯认为苹果绝不仅仅是一系列只会赚钱的产品，而是世界上最伟大的品牌，原因是买苹果电脑的人有与众不同的思维方式。在波士顿 Macworld 大会上，乔布斯说："苹果的顾客代表了创新精神，他们要去改变世界。很多人认为他们是疯子，但是在那些疯狂中我们看到了天才。我们为这种人制造工具，我们也要用不同的思维方式。"因此，苹果公司不能只有一些宣传产品的广告，必须用品牌形象广告让人们认识到苹果品牌的与众不同，于是便有了《非同凡想》广告。乔布斯花费巨大的精力制作了 60 秒版本的广告《致疯狂的人》。他选择爱因斯坦、甘地、约翰·列侬、毕加索、鲍勃·迪伦、爱迪生、马丁·路德·金等出现在广告中。这些经历不同、来自不同领域的人的共同特点是富有创造性，敢于冒险，不惧失败，赌上自己的职业生涯甚至生命去做与众不同的事情。这正是乔布斯认为苹果品牌所代表的人，他们跳出固有模式思考，用计算机帮助自己改变世界。

虽然《1984》和《非同凡想》两则广告中连苹果产品的影子都没出现，但对苹果品牌来说却至关重要，不仅仅在于创意，更在于其发人深省的意义。创意只是工具，意义才是根本。人们最初可能因为创意被吸引，但直击心灵令他们回味深长的一定是其中蕴含的深刻意义。这种意义就是苹果的品牌核心价值：特立独行，将艺术、创意与科技完美结合，设计风格简洁醒目。这样的品牌核心价值不仅仅启发了顾客，更激励着苹果的员工。

产生共鸣的基础更可能是品牌而不是产品，所以产品是载体，品牌才是根本。 当品牌及其蕴含的意义占据了顾客心智，产品自然与竞争对手形成差异，这是在共鸣基础上发生的灌输，是对顾客潜移默化的影响。

制造剧场感

不仅广告，苹果的产品及外包装、产品发布会、专卖店……每个与顾客的接触点，乔布斯都要精心设计。因为他深信，顾客会根据公司或产品传达的所有信息形成对品牌的整体判断。事实表明，苹果产品的展现形式极大提升了顾客对品牌的感知。

从1984年的Mac电脑发布会开始，乔布斯就善于为产品发布会创造盛大的舞台效果，产品发布会以"要有光"的神圣时刻为高潮：天地分开、一束光射下来、天使唱歌、唱诗班合唱《哈利路亚》……1998年，乔布斯在1984年发布Mac电脑的地点举行了iMac发布会，成功宣告了苹果公司起死回生，再一次颠覆了个人计算机的形象。iMac成为苹果公司从创立以来销售速度最快的计算机。

iMac产品发布会大获成功后，乔布斯开始精心设计每年4~5次的产品发布会和演讲。每次产品发布会都经过精心安排，乔布斯从不容忍自己和他人不完美。他会亲自撰写和修改演讲内容的幻灯片和要点，每一页内容都做成三种不同风格的幻灯片，每句话会改变一两个词来比较效果。他翻来覆去给朋友和同事演示征求意见。发布会的展现方式也体现着苹果产品的风格：简单的舞台，背后则是精密复杂的支持系统，即至繁支持下呈现出来的至简。乔布斯会穿着他的标志黑色高领衫和牛仔裤缓步上台，听众则带着教徒般的虔诚。有人说："乔布斯的演讲往往会刺激听众大脑中多巴胺的分泌。"

当计算机的销售从本地专卖店转到大型连锁店，乔布斯不希望iMac摆在戴尔和康柏旁边，由完全不了解苹果产品的独特性能、只关心50美元销售提成的销售员向顾客背诵产品的配置。他认为，必须将苹果的理念和创新功能展示给顾客，为高价格提供有效的支持。于是，第一家苹果零售店2001年在弗吉尼亚的高端购物中心开业。亮白色的柜台、浅色的木地板，店内悬挂着约翰·列侬和小野洋子在

《非同凡想》广告中的巨幅海报。随着一家家别具特色的苹果零售店开张，粉丝们为了成为首批进店参加开业典礼的顾客整夜在店门外排队。如果以收入衡量，零售店仅仅贡献了大约15%，但它在制造话题和提高品牌认知度方面却做出了重要的贡献。

无论是产品发布会，还是苹果零售店，都沿袭了苹果品牌一贯的特点：简单、时尚、有创意，在有趣和令人产生距离感之间拿捏得刚刚好。所有东西都不会让人一眼能看透，但经过琢磨就会越来越有感觉。这非常类似于人们通常在剧场中才能获得的感受，被震撼，又回味深长，深藏于内心世界的某种情感被深深激发。在让人心生敬畏的同时，用有趣激发亲近感。

不能在第二次给人第一印象

乔布斯将每一次与顾客的接触都视为传达品牌信息的重要时刻，他追求极致的目的在于给顾客留下最好的第一印象。

比如，对产品的精益求精。"让产品达到在现代艺术博物馆展出的品质。"苹果的设计思想是极致的简约，但至简的前提必然是背后的至繁，当简约化设计与产品的简单易用同时成为要求的标准时，背后则要付出产品开发人员成千上万倍的努力。以 Mac 电脑的标题栏为例，当时开发人员做了 20 个不同的版本才让乔布斯稍微满意。在整个职业生涯中，乔布斯一直十分关注，有时甚至过度关注产品形象乃至包装的细节。"当你打开 iPhone 或者 iPad 包装盒时，我们希望那种美妙的触觉体验可以为你在心中定下产品的基调。"

设计零售店时，将要完工宣布开幕的前夕，乔布斯发现应该按照顾客的活动，而不是产品类别来划分零售店的区域。他毅然决定全部推翻重来，将零售店首次亮相的时间推迟 3～4 个月。不计成本，绝不将就，就是为了给顾客留下难忘的第一印象。

深谙"共鸣、专注、灌输"理念的乔布斯，比任何一位商业领袖都更加明白产品展示对塑造顾客的品牌主观整体感知有多么重要。"人们确实会以貌取物"，"我们也许有最好的产品、最高的质量、最实用的软件，如果我们用一种潦草马虎的方式来展示，顾客就会认为我们的产品也是潦草马虎的；如果我们以创新、专业的方式展示产品，那么优质的（品牌）形象自然就被灌输到顾客的思想中了"。

产品做得再好，顾客不能领悟和感受到，也是没有意义的。企业需要将规划好的品牌树种植到目标顾客的心智中，同时用品牌树主干的品牌核心价值和树冠展示的产品详细信息占据顾客的头脑与心灵。本章我们采用荣威 550 汽车成功上市的案例解读如何先用品牌核心价值占据顾客心智，再通过充实丰富的产品及服务信息让顾客满意。

荣威 550：惊艳上市

随着收入和生活水平提升，私家车快速进入中国家庭。汽车单价高，顾客在购买过程中搜寻信息、比较选择等行为的涉入程度非常高。但由于缺乏汽车性能、配置等方面的专业知识，普通顾客做出购买决策时高度依赖品牌，尤其是当时比较有名的国外或合资品牌。不难想象这种情况下一个国产新品牌能够获得成功有多么难！然而，上汽集团的国产乘用车品牌荣威⊖做到了。它不仅仅成功上市，在目标顾客心智中培育出"科技时尚"的品牌核心价值，更重要的是在上市

⊖ 品牌官网 https://www.roewe.com.cn/。

后的十几年中持续成长，始终稳居中国自有汽车品牌前五名。

建品牌冲出红海

21世纪初，中国汽车市场的开放政策及蕴藏的巨大潜力，吸引汽车业的世界巨头纷纷加快进入中国市场的步伐。根据中国汽车工业协会专家委员会的分析报告统计，截至2006年底，全球最大的11家汽车整车制造企业已全部进入中国，最大的50家汽车零部件企业大多数也已在中国投资建厂。同时，本土汽车企业凭借低成本、低价格策略迅速崛起。新产品投放市场的速度显著加快，2004～2007年分别有26、42、46、52款新车型投放市场。以2007年为例，相当于每周都有一款新车型上市，竞争的激烈程度可见一斑。这正是荣威550上市前面临的市场状况，需求和竞争两方面均处于严峻局面。

为了能够在国际汽车市场占有一席之地，上汽集团投资6700万英镑收购了英国罗孚25型、75型轿车的核心知识产权及技术平台。但是，正当上汽集团紧锣密鼓筹划凭借罗孚的品牌知名度走向海外市场时，与宝马有约在先的福特汽车宣称，宝马掌握罗孚商标的使用权，福特将行使对罗孚品牌的优先收购权。国际汽车巨头的压制使上汽集团收购和使用罗孚品牌走向国际市场的愿望落空。

既然已经有了核心知识产权和技术平台，索性勇敢尝试创立自有品牌。上汽集团决定先集中精力在国内中高端细分市场建立强有力的品牌地位，再逐步走向海外。于是，上汽集团自主品牌"荣威ROEWE"的首款车型荣威750上市了。这款车定位高端，延续了罗孚轿车的经典外形、英伦气质及操控性能，并根据国内的实际路况、中国顾客的驾驶习惯及审美取向进行相应改进，向市场初步传达了荣威"经典、尊贵"的品牌形象。

但是，高端车的市场容量比较小，难以形成更广泛的品牌影响力。深化顾客对荣威品牌的认知、信任及喜好度，逐步扩大荣威品牌市场占有率，最终完成年度销售任务的重任，落在荣威750之后推出的荣威550身上。而中端车市场虽然容量大，竞争的激烈程度却让人捏把汗，荣威550能担负得起如此使命吗？

出乎意料的是，荣威550超预期完成任务。上市前两个月，第三方机构的品牌跟踪调研显示，荣威品牌知名度提升24%，产品订单提前完成年度销售目标的20%。重要的是，荣威"数字轿车"的品牌概念获得了1522篇平面媒体报道和10 177篇网络媒体报道。荣威550火了。

接下来的几年，荣威550连续上交傲人答卷：累计申请多项专利，获得国家C-NCAP五星评级及中国汽车工业科技特等奖，销量持续增长，带动了中级车细分市场中本土高端车型销量的迅速提升。同时，荣威整车及动力总成还销往拉丁美洲、中东、非洲、独联体等海外市场，发动机、变速器陆续推广到其他公司的车型。

先占据顾客心智

在规划荣威550上市计划之初，荣威管理团队就很清楚自己的任务不仅仅是保证荣威550获得不错的销量，更重要的是将荣威品牌由创立阶段过渡到全面建设阶段。荣威管理团队将荣威550上市的目标清晰确定为，提升顾客对荣威品牌的认知、信任及喜爱，占据目标顾客心智。借此逐渐完善荣威品牌系列产品，满足多层次顾客的需求，扩大荣威品牌的整体市场占有率。

凭借对技术及市场的理解和多年的探索积累，荣威管理团队认为，表面上看，中端轿车市场竞争异常激烈，实际存在等待挖掘的蓝海。当时各家公司多强调安全、操控性、舒适等基本功能，过于雷同。同时，普通顾客缺乏技术知识，对安全、操控性等属性的理解并不专业。尽管各汽车品牌大谈技术性能，顾客对于同等价位汽车感知到的性能差异却不大，造成顾客过度关注价格或其他非重要属性，如内饰、外观等。因此，深入挖掘顾客的潜在需求，据此制定相应的品牌策略，将顾客的潜在需求引导和创造出来，成为在红海中胜出的关键。

荣威循着"什么样的人"需要"什么样的汽车"的思路制定荣威550的品牌策略。首先确定目标顾客，当时中端轿车的主力消费群是"75后"的年轻人，荣威管理团队从这群人成长的社会文化背景出发，分析理解其主导价值观，解读他们对汽车的需求，进而诠释荣威550的品牌核心价值。

基于对大量顾客深度访谈及需求洞察，荣威管理团队找到了答案：要成为国内中端车市场的新标杆车型，荣威550的品牌核心价值必须具有划时代的意义。"75后"顾客是数字化科技时代的消费主力，一辆能真正打动他们的汽车，应该既具有前沿时尚设计，彰显有品位的追求，又充满科技含量，体现汽车的内在价值。

于是，荣威550的品牌核心价值被确定为"科技、时尚"，并以"D^5全时数字轿车"为宣传口号。荣威550"D^5"被进一步诠释为，采用数据集成控制系统（Data-based Control System，D^1）、数字化界面（Digitized-Interface，D^2）、多媒体应用（Multi-MeDia，D^3）、持续升级（Constant-UpgraDing，D^4）及人本科技（Tech-frienDly，D^5）

等数字化造车理念，从而实现在行车管理、信息显示、娱乐互动等方面的数字化。总体设想是在产品本身所具有的技术创新的支持下，充分激发"75 后"顾客内心世界隐藏的完善自我、成就自我的激情。

荣威 550 惊艳上市，成功营造出"科技、时尚"的第一印象。买第一辆车的顾客与买第二辆车的顾客看重的要素是不同的。荣威 550 的目标顾客是购买第一辆车的"75 后"，他们更容易接受有冲击力的信息。如果荣威模仿多数竞争品牌，宣传省油、安全等产品功能特点，注定淹没在比荣威更知名的日系和德系品牌车海中。

让品牌树长出丰满树冠

能否向目标顾客沟通和传递荣威"科技、时尚"的品牌核心价值，最终在其心智中建立起强烈、独特的品牌形象，成为荣威 550 上市成败的关键。

首先，产品是关键。上汽集团采用高举低打策略，采用部分高端车主打的新功能，如行车管家、数字仪表、智能一键启动等，对注重收集信息的"75 后"购车群体产生强烈冲击力，荣威 550 在中端车市场中脱颖而出。其次，对于能够影响顾客品牌感知的价格，荣威采用需求导向的定价策略。当时市场上同类车的普遍价位为 9 万~15 万元，荣威 550 将上市价格定为 14.28 万~18.98 万元，稍高的价位充分彰显荣威 550 的高端定位，也与其配备的高技术参数配置相称。同时，与具备同等配置的高端车相比，荣威的价位则很有吸引力。

在品牌沟通方面，荣威 550 非常重视采用多种方式向目标顾客传播品牌核心价值。产品上市前先开始预热：在时尚频道推出简短片花广告，"ROEWE 荣威 550""数字化轿车时代"等字样在屏幕上飞舞跃动，使顾客形成初步的品牌认知；随后与"75后"常去的主流购物场所（网站、便利店）合作，如在淘宝网推出"逢550惊喜"活动，每周五推出购物专区，凡在当天交易金额为550元的买家或卖家均可参加抽奖。在便利店则通过张贴汽车海报，进一步激发顾客对荣威550的好奇，加深品牌印象。

每年的北京车展是各大汽车厂商登台炫技的重要舞台。荣威550的展台设计充分糅合科技时尚元素，吸引了顾客的广泛关注。配合产品彩页、户外道旗等宣传物料，凸显了行车管家、数字仪表、智能一键启动等亮眼的产品性能特点。顾客纷纷表示，"荣威550是创新的科技产品和时尚玩具""D^5全时数字轿车很炫酷"。

正式上市后，荣威550开始全面打造"数字科技"的顾客体验。上市当天，荣威在上海举行"数字科技发布会"。现场采用T台设计，整个氛围更像是时尚艺术品鉴赏会。采用与奥运开幕式相同的万象投影技术，邀请在年轻人中具有高知名度的特斯拉（Tesla）团队进行550万伏闪电表演，还举行了为荣威550专门设计的时装表演。发布会上，宣布曾子墨（时任凤凰卫视主持人）等知名人士成为荣威550首批车主，荣威将其购车款项捐赠于为支持四川灾区设立的"子墨512助学基金"。发布会后，《南方人物周刊》对此进行了主题为"时代的力量，行动的领袖"的专题报道。

随后，上汽集团以"荣威550幻动时空"为主题，在上海、深圳、北京等17个重点城市进行数字科技巡展。巡展现场，荣威550在数字激光、电磁落幕器及冷焰火的背景里亮相，吸引了大批媒体和顾客。

巡展期间，上汽集团推出一系列电视广告、电台广告、平面广告、电梯海报、户外广告、宣传画报及产品彩页等。其中电视广告《追求篇》采用扣人心弦的特工主题故事和英文旁白，展现前沿科技的同时，营造出高端形象。平面广告则大量投放于"75后"经常阅读的报纸杂志，如《时尚先生》《城市中国》《数码世界》等。同时，在商务写字楼、居民住宅区等人群密集场所的电梯里张贴宣传海报。在大型商场、主要地铁站等垄断性媒体，投放醒目的户外广告，全方位展现荣威品牌的科技时尚内涵。

有了第一批车主后，荣威550将品牌沟通主题调整为差异化体验，引导顾客关注驾驶体验。采用系列宣传稿，内容涉及生活、创意、挑战及品质等方面，如"惊艳上海时装周，荣威550时尚变装""载誉归来，荣威550获C-NCAP五星评级"，推出《挑战篇》《限量版篇》等广告片。

渠道方面，荣威在北京、山东、浙江、广东成立四个区域市场核心业务小组，由销售大区经理牵头，实行区域负责制，以提供更多资源，针对地区特定需求实施适合的推广计划，同时鼓励经销商进行区域协作和联合推广。这既整合了区域资源，又加大对各地经销商的市场宣传及推广的统一规划，有效实现协同作战和区域联动。

用母品牌背书

除了产品、价格、渠道、沟通策略外，荣威550非常注重细节。比如，很巧妙地处理"上汽集团"和"荣威"母子品牌的关系，所有的宣传材料或广告首要凸显荣威550，让顾客充分感知荣威550的产品特点后，用母品牌"上海汽车"做背书，强化顾客对荣威品牌的信任。这种母子品牌互动关系的安排使荣威充分"借势"母品牌，在顾客心智中建立起独立的品牌形象。反之，如果荣威先大力宣传母品牌"上海汽车"，子品牌"荣威"很可能就会埋没在上汽集团众多早已为顾客熟知的合资品牌中。

荣威品牌的名称和标识都根据品牌核心价值仔细斟酌后被赋予丰富的含义。中文名"荣威"，被诠释为"创新殊荣、威仪四海"，"荣"寓意荣誉、殊荣，"威"寓意威望、威仪及尊贵地位。英文名"ROEWE"源自德语字根LOEWE，代表狮子。荣威品牌标识是一个坚固的盾形图案，以红、黑、金三种颜色构成，其中红色代表中国传统的热烈与喜庆，金色代表富贵，黑色象征威仪与庄重。图案的核心是两只站立的雄狮，展现了尊贵、威仪、睿智的形象。图案的中间是双狮护卫的华表，寓意高瞻远瞩、社稷繁荣、和谐发展。图案的下方是用现代手法绘制的品牌名称缩写"RW"，在古埃及语中也代表狮子。从整体上看，盾形图案被对称分割为四个红黑方块，代表求新求变、不断创新与超越。"看车标就知道这是一款高端车""我喜欢荣威的车标，很有英伦王室范儿"……顾客的反馈表明荣威品牌标识设计很成功。

荣威550超预期完成了上市当年的销量目标，更重要的是，通过产品、价格、沟通、渠道等策略在目标顾客心智中树立起"科技、时尚"这一鲜明的品牌核心价值，为后续发展奠定了基础。

苹果和荣威550的品牌实践展示了培育品牌占据顾客心智和销售产品之间的区别与联系。培育品牌是将规划好的品牌树植入顾客心智，将产品的客观表现转化为顾客对品牌的主观感知。品牌占据了顾客心智，每一件产品是被顾客心甘情愿买走的，销量具有持续性；相反,如果将销售产品作为首要目标,产品是被卖出去的,这样的销量不仅获得时十分吃力也难以持续。

实践中,企业常常产生两个困惑:"我们的产品这么好,为什么顾客感受不到""我们的产品销售不好,是因为我们没钱打广告宣传吧"。第一个困惑产生的原因在于没有将 A(attributes)思维转化为 B(benefits)思维,即还没有形成顾客需求驱动的经营理念。这时需要审视,企业认为的"好",是不是顾客视角的"好";企业是否用适合的方法让顾客感受到"好"。持有第二个困惑的企业有向顾客表达的意识,却仅寄托于广告。殊不知,如果产品和服务还没有那么好,即使有钱打广告也是浪费资源。

在顾客心智中种植品牌树的经营理念为企业的两个困惑提供了解题思路。通过品牌树的主干与目标顾客产生共鸣,再通过丰满的树冠占据顾客心智。品牌核心价值提供给顾客的信息简单明了有冲击力,有意义、耐人寻味,更容易激发带有剧场感的共鸣,让顾客在现实和理想之间找到寄托。接下来,如何沟通和传递品牌核心价值更重要,这是让品牌树生长出丰满树冠的过程,让被核心价值占据心智的顾客找到踏实感和满足感,为剧场感营造出来的惊艳惊奇提供支撑。

规划品牌的目的是努力比竞争对手做得更好,培育品牌的过程是让目标顾客觉得企业做得更好。由于品牌的培育是长期的,而销量目标往往是短期的,因此种植品牌树和实现销量目标有时会发生冲突。企业需要思考如何有效规划品牌战略和策略,使其既能保证企业完成短期销售目标,又能服务于建立品牌资产的长期目标。具体地,我们关注以下三个问题:

第一,企业可以通过哪些策略培育品牌,即种植品牌树的工具有哪些？

第二，企业种植品牌树时应该注意哪些法则？如何提升策略的效率？

第三，如何将短期的销量目标与长期的品牌目标结合起来？

植树工具：品牌策略组合

企业建设品牌的工具称为品牌策略组合，包括品牌形象识别体系、营销策略、外部资源。企业需要根据品牌核心价值选择和匹配品牌策略组合。

严格来讲，企业的各项策略，尤其是能够影响顾客品牌感知的策略都与品牌建设相关。企业应该以是否有利于培育品牌，即能否让顾客认知品牌核心价值的标准来评估和选择策略。企业培育品牌的工具归纳起来分为三大类：品牌形象识别体系、营销策略和外部资源。从时间轴看，品牌形象识别体系需要在建立品牌之初规划好，营销策略需要在日常经营中考虑，外部资源则需要根据品牌能应用且适合的品牌外的各类资源进行统筹。

品牌形象识别体系：让品牌元素发声

品牌形象识别体系，包括品牌名称、标识符号、广告语和代言人等，品牌名称还呈现为文字和发音，标识符号包括颜色和图案，需要特别注意的是常常被忽略的企业网站和公众号，这些往往是顾客与品牌首次接触的元素，影响顾客的第一印象。品牌形象识别体系不仅仅要注重美学设计，更要与品牌核心价值建立内在连接并能诠释品牌核心价值。以品牌标识为例，好的品牌标识应该同时具有几方面作用，不仅具有令人愉悦的美学特质，还能够借助人们的识别、联想等思维能力传播品牌核心价值。标识符号传递的内涵很多时候胜过千言万语，如耐克的"对钩"标志形象地表明了品牌核心价值"just do it"传达的果敢和拼搏精神。同样，被咬掉一口的苹果标识对于苹果公司业绩的贡献虽不能客观准确地计算出来，但可以确定是存在的。

在荣威的品牌形象识别体系中，富有特色的品牌标识成为加分项。区别于中端车市场美、日系车企喜欢采用简洁抽象车标的做法，荣威反其道而行之，设计了稍显复杂、纳入动物造型的车标，并用红、黑、金三种颜色凸显皇室传统风格。很多顾客表示"看到车标就觉得这是一款高端车，很有皇室范儿"。"荣威550，品味自在追求"的品牌口号也有别于其他车企强调安全省油，突出了荣威品牌的独特。品牌形象识别体系各元素组合在一起，充分凸显了荣威"科技时尚"的品牌核心价值和"经典、尊贵"的品牌形象。

企业应根据需要选择品牌形象识别体系内容，其中**品牌名称、标识、官网**是标配项目，**品牌广告语**是推荐项目，**代言人**则是选择项目。在标配项目中，容易被企业忽视的是官方网站，这是向潜在顾客及内部员工传递品牌核心价值和发展历史的重要平台，如果草率对待，不适当及陈旧的信息会对品牌造成极大伤害。

企业可以委托专业机构帮助设计和运营品牌形象识别体系。需要提醒企业重视的是，与美学和感觉上的冲击力相比，品牌核心价值要被作为"宪法"对待。企业要与设计人员充分沟通品牌核心价值，使设计思路充分呈现品牌核心价值，内涵丰富且耐人寻味。同时，从顾客认知角度看，品牌形象识别体系要清晰鲜明，容易记忆。

营销策略：让目标顾客感知"好"

营销策略指产品、定价、沟通和渠道策略，通常用其英文首字母表示，简称为 4P。对于服务企业来说，还要考虑人员、流程和物理环境这三个策略，与以上策略合称为 7P。营销策略直接影响顾客如何感知品牌、是否购买及购后行为。其中，产品最重要，针对目标顾客需求，如果企业还没能做到比竞争对手更好，那么就应该继续认真努力，尤其在品牌核心价值方面必须做到极致；然后再考虑采用合适的沟通策略将品牌的好传达给顾客，采用合适的渠道策略让顾客方便获得产品和服务。营销策略的首要目标是让目标顾客感知到好，其次才是引导购买。

苹果的产品设计追求能让产品达到在现代艺术博物馆展出的品质，将极致简约化的设计与简单易用结合起来。乔布斯对产品的要求已超过吹毛求疵的程度，他反复琢磨，不放过任何一个细节。就拿 Mac 电脑上的标题栏来说，设计团队做了 20 个不同的版本才让他稍微满意。乔布斯要求产品隐藏的部分也要做得很漂亮，他会仔细检查印刷电路板上的芯片及布线，即使这些部分绝大多数顾客可能永远都不会看到。对乔布斯来说，要让产品在性能和外观，包括包装上都要给人惊艳的感觉，每一个细节都是至关重要的。当顾客从别致的盒子里拿出一台 iPod 时，产品美丽得耀眼，让其他音乐播放器都黯然失色，他不会觉得 399 美元的售价贵。

荣威 550 采用当时中高端车型主打的新功能，顾客很容易形成荣威"物超所值"的品牌感知。荣威 550 比同级别竞品稍高的价格进一步体现产品的高价值。荣威加快建设荣威 550 专属分销渠道，尤其是随着汽车销售向二三线市场甚至四线市场推移来建设渠道。荣威充分考虑了这些市场的差别，采用具有针对性的策略。在沟通上，竞争品牌大多没有使用情感诉求，虽然有些做了尝试，但由于缺乏对目标顾客主导价值观的深入理解，推出的情感诉求并未被顾客感知和接受。而且流行的德系、日系汽车在中国顾客心目中素来以性能见长，顾客形成思维惯性，不易赋予其情感内涵。荣威550在突出数字化造车技术创新的同时，更注重挖掘目标顾客的情感需求，使品牌形象立体生动，引发共鸣。

除了紧紧围绕品牌核心价值设计沟通内容，荣威550准确把握互联网时代信息传播媒介及顾客媒体使用习惯的变化，结合新车发布、上市等不同阶段，设计恰当的沟通方式。逐步预热市场，顺承顾客的品牌感知过程，从知道，到了解，到喜欢，到产生购买欲望，到购买，并延续到购买后的满意。

成功上市后，荣威550一边升级数字化科技配置，继续巩固"全时数字轿车"概念，一边组织试驾及车友会活动，宣传荣威汽车在安全、省油、驾驶等方面的表现，强化已购车顾客"我买对了"的感知，进一步促进顾客与品牌的关系升华到品牌挚爱层面。同时探究汽车数字科技如何生活化，强化品牌核心价值与顾客真实需求之间的关联性，吸引顾客花时间详细了解荣威550的更多技术属性。这些策略逐渐将顾客通过前期沟通激发的品牌兴趣转化为购买意向。

企业在规划和选择营销策略时，一定要从目标顾客的视角来审视。比如，亚马逊的董事会总是留着一把代表顾客的椅子，时时提示顾客的重要。一项策略是否合适，首要取决于顾客对这项策略的感受，即能否让顾客感受到品牌核心价值体系要传达的信息。让顾客理解并记住品牌好在哪里,远比让顾客在糊里糊涂或误解的状态下购买产品更重要。用种植品牌树的思维看,与品牌核心价值产生共鸣的顾客在心智中会生长出健康的品牌树,土壤下面有强大的根系与自己的需求紧密关联,土壤上面有主干清晰、树冠丰满的品牌树。没有理解品牌核心价值的顾客即使暂时购买,但其需求和期望很可能与本品牌能够提供的价值不吻合,从而难以形成与品牌的内在紧密联系。更不要说误解品牌核心价值的顾客,由于需求不匹配,他们将成为最容易产生抱怨的顾客。

外部资源:善加利用

除了常规营销策略外,企业要善于寻找和利用品牌本身以外的资源,巧妙地强化或延展目标顾客对品牌的感知。外部资源可以在母公司层面寻找,如母公司的发展历史、原产地、产品秘方或技术专利、创始人的经历等,也可以在兄弟品牌层面寻找,还可以通过品牌联合等方式整合企业外部的资源。

荣威550充分借力母品牌上汽集团的资源。用母公司品牌背书极大提高了目标顾客对荣威品牌的信任,同时荣威对荣威750、550和350的定位与上市顺序进行了巧妙的安排,相互协作,产生了品牌合力。荣威750率先上市,定位于高端,虽然市场很小,但为荣威树立了高端形象;荣威550紧随其后,定位于数字轿车,配置和价格采取高举低打策略,使目标顾客群感觉物超所值;荣威350上市时,延续数字概念,价格实惠,覆盖更广泛的顾客群。

农夫山泉也非常善于利用外部资源帮助自己传播品牌价值。为了更好地与年轻顾客互动,强化顾客对品牌的情感,农夫山泉联合网易云音乐,从上千条乐评中挑出了 30 条,制作了独特的农夫山泉"乐瓶",农夫山泉瓶子的外包装上印着挑选出来的乐评。比如,其中一款印着:"愿所有的晚安都有回应。来自网易云音乐用户——梵高先生不姓梵在《晚安》歌曲下方的评论。""乐瓶"一上市就引发了热议,尤其是歌迷,他们纷纷去抢购印有自己喜欢的歌曲评论的"乐瓶",还有顾客买某首歌的"乐瓶"送给自己的朋友。2020 年,农夫山泉和中国银联跨界合作推出了"大山诗歌瓶"。中国银联在 2019 年携手宋庆龄基金会开展的"中国银联诗歌 POS 机"公益行动非常震撼,农夫山泉从中选择了 24 首大山孩子创作的诗歌印在农夫山泉瓶上,孩子们质朴动人的诗句为身处疫情下的人们带来了温暖。

我们将品牌形象识别体系、营销策略、外部资源这三类种植品牌树的工具称为品牌策略组合。以荣威 550 为例,它充分利用品牌策略组合,挖掘和发挥每一类工具的特长,共同种植荣威品牌树(见图 4-1)。

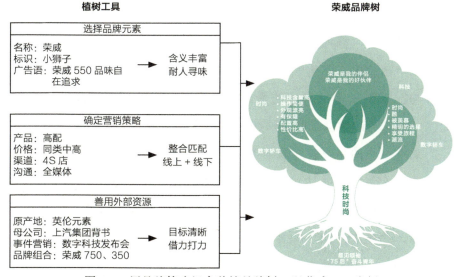

图 4-1　用品牌策略组合种植品牌树:以荣威 550 为例

植树法则：统领与整合

种植品牌树要遵循两个法则：用品牌核心价值统领品牌策略，品牌策略之间匹配。

要有整体图景

企业首先必须有清晰的品牌树规划，绝不能走一步看一步。品牌树描绘了品牌在目标顾客心智中的战略图景，只有清楚认知品牌树，才能使各项策略有的放矢。否则很容易在竞争的干扰中随波逐流失去自我，或者自身策略前后不一致、策略之间不协调而彼此拆台。

企业确定了品牌核心价值后，要明晰以下几点：第一，从目标顾客需求及本企业的资源能力看，支撑树冠的几个主要枝干分别是什么，为产品、沟通等营销策略确定基本方向；第二，根据竞争对手的策略及目标顾客对该品类已经形成的感知，分析树冠左侧理性价值和右侧感性价值，哪种更适合启动顾客心智；第三，思考顾客心智启动后如何丰富价值，强化顾客关联；第四，制定顾客心智升级策略，将顾客与品牌的关系从具体的价值层面上升到抽象紧密的品牌挚爱层面。即要有品牌树全景，及顾客心智启动、丰满、升级策略。

荣威550的品牌树规划很到位，后续经营中很清楚什么时间点应该采取什么策略，并达成了建设品牌的设想。中端车市场车型众多，竞争最为激烈，顾客的备选品牌多，品牌忠诚度低。同时，相比于竞争品牌，荣威550缺乏顾客体验和顾客基础。但静下心来仔细分析，就会发现红海下掩藏着机会。各家公司多强调汽车的安全、操控性、舒适等基本需求，诉求内容过于雷同，造成顾客与品牌的有效关联很少，过度关注价格。荣威550强调与竞争对手的区别，独辟蹊径，数字化造车理念及科技、时尚的品牌核心价值让人耳目一新。在启动顾客心智策略上，荣威550先从右脑诉求的时尚出发，通过举办一系列有剧场感的活动，如车展、上市仪式等，荣威550在竞争红海惊艳胜出。

通过右脑启动目标顾客心智后，荣威550深知左脑理性价值对于汽车体验的重要性，于是组织了试驾、车友会活动等，让已购车的顾客全方位体会荣威550安全、省油、驾驶感佳等特性。荣威550将产品属性与目标顾客的心理需求巧妙结合，同时抢占了顾客负责感性思维的右脑和负责理性思维的左脑。在此基础上，荣威努力维系顾客关系，提升顾客忠诚度，将已购车顾客转化为粉丝。从品牌树树冠的培育看，荣威的路线是从右侧感性联想出发，启动顾客心智，补充左侧理性联想，获得顾客信任，然后将顾客从关注汽车的具体属性升华到与荣威550品牌结成紧密关系，从树冠的底层发展到高层。

农夫山泉则从强调理性价值的左脑启动顾客心智，逐渐发展到注重感性价值的右脑，不断丰富和深化注重天然健康的目标顾客与品牌之间的关联，在持续不断的坚守中培育出粉丝。顾客对农夫山泉的品牌感知潜移默化从具体的、浅层次注重价值本身发展为抽象的、深层次的情感连接。

通常，左脑理性价值容易沟通，也容易列举明确的证据让顾客感知到，但理性价值很容易被竞争对手模仿。右脑感性价值不易被模仿，但难以引起顾客的共鸣。想让顾客关系从具体的价值升华到抽象的品牌挚爱，理性联想是基础，感性联想是桥梁，可以先建设基础也可以先搭建桥梁，两者缺一不可。

策略之间需匹配

企业需要特别注重策略之间的配合。品牌组合策略之间不协调彼此拆台的情况很常见。典型的例子就是物美价廉——产品上采用新技术，沟通上采用高端定位，常常降价促销。这表面上看起来很容易吸引顾客，实质却是陷阱。因为虽然顾客都希望企业让利，但时常打折促销的产品很难让人相信其拥有高品质。解决这个问题的途径是企业制定营销策略时要充分考虑彼此之间的影响，出现矛盾时以符合品牌核心价值为评判标准进行选择。

品牌形象识别体系、营销策略、外部资源，这三类工具很容易理解，但在实践中很难用好。各类工具对于种植品牌树有各自不同的作用，分别在顾客接触和感受品牌的不同阶段凸显。企业需要注意将各种工具配合使用，取得整合的效果。

在品牌创立之初，企业往往很关注品牌视觉形象识别系统，而在产品上市后只关注产品、定价、渠道等对销售有直接影响的营销组合策略，忽略品牌视觉形象识别系统可能会起到画龙点睛的作用。外部资源最不好把握，企业不是缺乏意识就是使用过度，尤其当面临比较激烈的竞争时，容易盲目模仿竞争对手的做法，有些做法不仅对建设品牌资产没有贡献，反而有副作用。

企业要以在目标顾客心智中树立品牌核心价值为最终目标和评判标准，思考各策略对此目标产生的短期和长期影响，规划和选择适合本企业资源和能力的具体策略，形成清晰的植树工具组合，取得整合、持续的效果。

另外，在品牌多触点环境下，管理者要具有全渠道思维，努力让顾客在各个接触点获得一致的品牌感知。永远不要忘记品牌存在的目的和初衷，在所有品牌接触点构建和传播一致、完整的信息。无论线上、线下，企业在纷繁复杂的媒体环境下，要努力使顾客对品牌形成整合统一的清晰认知。

兼顾短期和长期目标：两手都抓

培育品牌是长期目标，实现销量是短期目标，协调好两者关系才能将日常经营的点滴成果逐渐积聚为品牌资产。

企业种植品牌树并非一朝一夕可见成效，而企业都会有日常经营的销量任务。培育品牌是长期目标，实现销量是短期目标，两者都非常重要，但有时并不统一。企业需要协调好两者的关系。

实践中，管理者往往更容易重视短期销量目标，以此为依据制定策略，却忽略了所采取的策略对品牌资产的影响。殊不知，一些策略虽然可以提升短期销量但无益甚至有损于品牌，企业最终将得不偿失。因此，企业管理者需要辨析各项策略对短期销量和长期品牌的综合影响，做出合适的选择。能提升短期销量且明确有利于强化品牌核心价值的策略，要全力做；能提升销量但对品牌的影响不确定的策略，可以有选择地尝试做；能提升销量但明确有损于长期品牌的策略，坚决不做；不能显著提升短期销量但明确有利于长期品牌价值的策略，可以视企业资源条件有选择地做。

聪明的管理者会在理想（培育品牌）和现实（抓住市场机遇生存

发展）之间获得平衡，协调好长期目标和短期目标的关系。其实原则很简单，时刻牢记品牌核心价值是企业经营的"宪法"，以此为制定和选择策略的准则，绝不为一时的销量和利润采取有损于品牌核心价值的任何策略。

试想当年荣威550管理团队难道没有实现销量的压力吗？事实恰好相反，上汽集团交付的任务非常明确：让荣威550成为中端车市场的标杆车型。标杆车型的含义是必须达到一定销量，成为市场的热销品牌。虽然背负销量压力，荣威550管理团队并没有将销量作为首要目标。他们深知，仅以销量为目标获得的销量往往不可持续，只有在目标顾客心智中培育出品牌，以品牌为基础的销量才是健康和扎实的。

金炳国空降三星电子时，李健熙和尹钟龙只给他定了一个目标，到2005年带领三星电子进入世界最有价值品牌排行榜的前20名，没有要求他完成具体的销售量或销售额指标。当三星品牌在目标顾客心智中建立起来，持续的销售业绩便是顺理成章的结果。

苹果也有同样经历。乔布斯被赶走后，董事会在赚钱目标的驱使下，为满足零售商们的奇思怪想，对每个产品炮制出若干个版本，每个版本都有不同的、让人困惑的编号，从Mac1400到Mac9000，苹果公司的员工都不清楚这些版本之间的差别，更无法让顾客弄明白，于是陷入越想赚钱越赚不到钱的局面。乔布斯重新回到濒临破产的苹果，做的第一件事就是大刀阔斧砍掉70%的产品，提升专注力，重塑苹果品牌。

植树工具和植树法则帮助企业将在第三章中规划好的品牌树种

植到目标顾客心智中，将品牌的客观表现转化为顾客的主观感知，让目标顾客觉得企业比竞争对手做得好。企业种植品牌树的工具称为品牌组合策略，包括品牌形象识别体系、营销策略和外部资源。要以品牌核心价值和品牌树冠的内容制定和选择合适的品牌组合策略。简单说，针对适合的人在适合的时候用适合的方式沟通和传递适合的信息，努力让目标顾客在所有品牌接触点获得一致的品牌感知，让目标顾客觉得好，为企业构建获得持续业绩表现的基础。

如果您所在企业正面临如何将品牌植入目标顾客心智的问题，请思考企业是否具备了品牌树的整体图景？如何围绕品牌核心价值规划和选择合适的工具？各项策略会塑造品牌树冠的哪些枝干，是否准确诠释了品牌核心价值？各项策略的匹配程度如何？企业如何平衡短期销量目标与长期品牌目标之间的关系？

第五章
社交媒体时代的有效沟通

"在技术和产品之外,让营销成为企业的第三核心竞争力。"

——刘韧磊(网易有道副总裁)

移动互联网和社交媒体的发展，彻底改变了顾客获取信息的方式，为企业建设品牌带来新的挑战和机会。一方面，社交媒体兼具传播属性和社交属性，顾客不只与企业发生信息沟通，还与其他顾客发生互动。另一方面，互联网解构了传统沟通方式关注的规模化，倒逼企业倾听目标顾客需求进行精准的双向沟通。企业如何应对媒介变化带来的新挑战，采用恰当策略提升沟通效率呢？

本章讨论如何应用社交媒体工具向目标顾客沟通品牌价值，即在社交媒体环境中如何高效种植品牌树。面对不断演变、层出不穷的新媒体形式，如何组合各种沟通工具，获得协同效果？如何根据顾客获取信息的新特点提升沟通效率？如何衡量品牌沟通的效果？

网易有道：营销成为第三核心竞争力

作为词典软件市场的后入者，网易有道[一]通过十几年的努力，从网易公司版图中并不起眼的业务版块一跃而起，凭借优秀的市场业绩和巨大的发展潜力赢得资本市场青睐，于 2019 年 10 月成功登陆纽交所，成为网易旗下第一个分拆单独上市的公司。2019 年第三季度，网易有道全平台顾客量超过 8 亿，活跃顾客超过 1 亿，净收入保持高速增长。

网易有道高速稳健发展的原因，除了坚实的技术和过硬的产品外，营销沟通发挥了极其重要的作用。当很多企业还在纠结营销投入究竟是成本还是投资的时候，网易有道已将营销提升至企业核心竞争力的高度。网易有道认为，营销投入绝不是单纯的成本，而是以发展

[一] 公司官网 http://www.youdao.com/。

品牌长期价值为目标的投资。当很多企业面对热闹纷乱的社交媒体不知所措时，网易有道却能够如鱼得水轻松驾驭，充分把握社交媒体兴起带来的巨大机会。当很多企业还在质疑花费在品牌沟通上的费用越来越高时，网易有道却总能花小钱办大事，事半功倍轻松赢得流量。网易有道的秘诀是什么？

不烧钱也能获取流量

网易有道进入词典软件细分市场时，当时的领导者金山词霸正在庆祝自己成立10周年。金山词霸第10代产品收录了150余本词典辞书、70余个专业词库，共包含96 000多词条，70多万例句，支持简体中文、英文、日文查词功能；其正版软件售价117元，采用光盘安装方式，需要占用600～700MB硬盘空间。

市场挑战者都有一双敏锐的眼睛。网易有道发现，尽管此时金山词霸在翻译软件市场一枝独秀，市场份额高达70%，但产品存在词库陈旧、安装体积大、更新慢等问题。特别是词汇量无法满足顾客现实中鲜活的语言需求，一些新兴词语、专业词汇及网络用语，如哈利·波特、IPO等，由于出现时间短，《牛津英语词典》等传统词典通常没有收录，金山词霸自然无法查到。

网易有道应用有道搜索的搜索引擎技术，分析海量网页中词汇之间准确的匹配对应关系，将匹配模式写成算法，通过网络释义功能提供词汇和例句。由于采用了与传统词典软件完全不同的技术实现方式，网易有道将翻译服务的词汇覆盖度由传统词典的50%提升至97%，尤其是现实生活使用的新兴和特殊词汇都可以查到。

有道词典提供免费下载，顾客通过互联网在线使用；并围绕查词需求不断迭代新功能，先后推出"屏幕取词""单词发音""整句翻译""原声例句""摄像头取词"等功能。有道词典获得越来越多顾客，尤其是学生、年轻白领、旅游人士和留学生群体的喜爱。

好技术好产品也需要宣传。有道词典将目标顾客确定为追求新技术、新产品的年轻顾客群，而不是教师、翻译专业人士等传统词典的典型使用者。重点强调功能属性，借用当时流行句型，采用"很小很强大"宣传口号，突出体积小、启动速度快、拥有海量词汇及例句、词库更新快等优势。

最初有道词典利用网易门户网站和网易邮箱推广，在网易主页上提供有道词典链接，在网易邮箱下拉菜单提供查词典功能，充分借用网易的品牌影响力在网易的顾客中发展了第一批使用者。

如何吸引更多顾客使用呢？烧钱是很多互联网企业早期获客的惯性思维，而网易有道却反其道而行之，基本没有特意花钱，就轻松收获了大批顾客。网易有道的秘密武器正是让很多企业眼花缭乱、手足无措的社交媒体。游刃有余的原因在于他们知道自己要对谁说什么，据此选择合适的社交媒体工具。

网易有道认为品牌沟通的首要关注点是信息。一方面，网易有道注重宣传网络释义功能，为顾客增加理性品牌感知，占据顾客的左脑。因为熟谙产品，网易有道市场团队总能将产品功能属性完美嵌入顾客真实使用场景中，获得非常好的沟通效果。网易有道时刻关注新媒体，当微博诞生并逐渐火爆，网易有道马上开设微博，发布与英语学习及文化相关的内容，开发了"有道晨读""单词卡片"等多个栏目，引发顾客阅读、转发和评论。以"单词卡片"为例，运营团队每天在互联网上寻找当天最有趣的一张图片，配上英文单词发布，深受顾客喜欢。

另一方面，网易有道注重激发顾客情感，用感性品牌联想占据顾客的右脑。为了吸引顾客参与和互动，游戏和短视频是网易有道惯常采用的工具。网易有道从社会流行及热点题材中捕捉灵感，巧妙地整合进与有道词典使用高度相关的场景。如受热映贺岁电影《大灌篮》启发，网易有道推出了篮球类线上场景答题游戏——"单词大灌篮"。在计分牌上显示影视娱乐、体育运动、生活百科等类别的英语题目，分别设置4名队员代表四个答案，顾客点击球员来选择答案，如果答对，球员就会扣篮或投篮入网，反之球不入网，顾客完成游戏获得荣誉称号和排名。单词大灌篮游戏新鲜有趣，很多顾客愿意将成绩分享到博客上，好友看后也会点击体验单词大灌篮游戏。

除了游戏，网易有道还善于采用搞笑或温情的微电影和短视频，上传到视频网站和社交平台，通过口碑传播，提升品牌知名度。如模仿苹果的广告视频"世界上最薄的电脑"推出"世界上最小的词典"，获得30万次播放量；情人节推出"让爱跨越语言的界限"，通过剪辑各知名国外电影主人公用不同语言表达"我爱你"的镜头，传播网易有道的品牌诉求——"跨越沟通的障碍"，最终播放量超过300万次。游戏和视频成功吸引了大批新顾客。

功能强大的好产品、有趣且免费，没有理由不吸引顾客的关注。2012年，网易有道以44%的市场份额超越金山词霸，成为词典软件第一名。网易有道完成初创期的品牌目标，建立了清晰的品牌形象——"功能强大、有趣好玩的在线词典"，顾客数快速增长。

将流量转化为粉丝

成为市场领导者后，如何保持领先地位并获得进一步发展呢？留住顾客并将其培养成粉丝成为网易有道品牌建设的重要目标。此时多媒体影音内容呈爆炸式增长，拉升了互联网翻译需求，顾客对在线词典的使用也不局限于PC端，手机词典使用率迅速提升。

为了方便潜在顾客无论在PC还是在手机上，都容易找到有道词典的客户端并完成下载，网易有道采用了搜索引擎优化，跟进百度阿拉丁、软件下载网站、导航网站等"泛搜索"渠道，购买了诸如"翻译""词典""翻译软件"等关键词；还和多个导航网站，比如360网址导航等展开合作，为其提供在线翻译功能，以此换得导航网站对有道词典软件和网站的推荐，持续增加访问流量和新顾客。

此外，网易有道非常重视与苹果应用商店、安卓第三方应用市场、手机厂商及移动运营商等持续合作，有效推动了有道词典在移动端顾客数量的迅速提升，进一步提高品牌知名度。

产品始终是网易有道关注的重点。网易有道采用快速迭代持续进行产品创新，通常每两周至一个月就推出新版本，并开始增加与权威词典合作，配合"网络释义"提升有道词典的专业性和权威性。网易有道认为此时顾客对语言翻译的需求已不限于查词，而是随着工作生活衍生出更多场景下的潜在需求。网易有道将这些潜在需求挖掘出来，改进产品，持续提升顾客体验，开发了"图片释义""看天下""全球发音"等新功能，使词典变得有趣，顾客即使没有查词需求时也喜欢使用。

如"全球发音"，采用UGC（用户产生内容）方式，将全世界300多个国家的顾客朗读同一单词的发音汇聚在一起。它不仅好玩，还迅速成为功能强大的实用工具，尤其是与来自非英语母语国家的人交流时，使用"全球发音"功能习练后可以很快适应对方发音，提升沟通效率。

除了拓展渠道和持续进行产品创新外，网易有道非常重视两个方面的沟通：留住老顾客和吸引新顾客。网易有道将品牌宣传口号更新为"用户量最大的翻译 App"，利用顾客的从众心理，让老顾客坚定认为自己的选择是对的，愿意持续使用并向他人推荐，同时吸引新顾客及转化竞争品牌的顾客。在 2015 年达到 5 亿顾客后，网易有道将品牌宣传口号直接修改为"5 亿人的选择"，用数字产生冲击力。

沟通工具方面，网易有道继续强化之前产生很好效果的微博、游戏、视频等新媒体线上沟通工具，注重产出高质量、有创意的内容，同时开始利用市场优势地位带来的影响力和合作机会，开发了一些线下沟通方式，借力打力，如与中央电视台（央视）、外语教学与研究出版社（外研社）等知名品牌合作举办英语大赛，与热门电影、电视娱乐节目开展品牌植入宣传等。在这些合作活动中，网易有道非常注重合作方能否凸显有道词典产品的功能，及后续是否存在品牌持续传播机会。如每年与央视"希望之星"英语风采大赛合作，担任独家语言工具合作伙伴及官方独家网络赛事平台，借助央视增加了与更大范围顾客的接触点，展示了品牌形象。

微信公众平台诞生后，网易有道立刻建立微信公众号，每天发送产品动态和英语资讯，微信公众号成为网易有道与顾客紧密互动的新平台。此时，论坛、博客等逐渐被视为旧的社交媒体，网易有道却看中这些平台是以内容、兴趣及特定人群为基础的特点，及平台沉淀下来的忠诚顾客，针对其进行更精准的品牌传播，如选择英语学习、出国留学、职场提升等特定论坛和校园 BBS，有针对性地采用文字、图片及短视频等方式进行精准的传播。

通过吸引、留住、扩展，网易有道的顾客数持续增长。顾客数量达到 4 亿后，基本处于快速自然增长状态。庞大且活跃的顾客群使网易有道可以凭借广告收入实现盈利。到 2015 年底，网易有道的市场占有率达 78%，顾客数超过 5 亿人。比流量增长更值得关注的是，顾客的活跃度非常高，说明网易有道品牌对目标顾客已经产生了强烈的吸引力，网易有道有了数量庞大的粉丝。

从线上到线下全覆盖

总顾客量超过 8 亿，市场占有率接近 80%，成为翻译应用领域名副其实的领导者后，网易有道一方面继续夯实词典软件市场的领导地位，开发一系列围绕学习、办公场景的 App，形成工具型产品组合；另一方面积极开拓新领域，将在线教育作为拉动公司增长的新引擎。

随着由学习工具类产品拓展为以在线教育为主的多业务组合，网易有道开始思考如何扩展品牌内涵及提升品牌在更大范围的影响力。除了之前采用的新媒体沟通方式，网易有道开始发力线下公关广告，召开战略发布会，升级品牌，发布全新品牌口号"陪你看世界"（word to world），淡化品牌的单一工具属性，激发顾客的情感共鸣。品牌和新产品发布会等线下传播工具，以更大的冲击力提升网易有道品牌的曝光度。

同时，网易有道也开始探索线下传播资源，希望让品牌触达更广泛顾客群。延续之前比较成功的、与其他品牌的合作活动，网易有道开始创建和举办有自有品牌主题系列活动。如推出英语技能大赛，每年根据当年流行元素包装主题，如"有道武林争霸赛""有道欢乐英语人"等；连续举办"有道全国校园外语歌手大赛"，通过英语跨界娱乐方式，呈现寓学于乐、轻松有趣的英语使用场景。自有品牌、有主题的系列活动的举办，让参与者乐在其中，未参与者也通过后续社交媒体工具获得活动的信息，充分扩展了网易有道品牌的影响力。

随着业务增长，有道精品课成为重点沟通主体。网易有道继续沿用有道词典的合作营销思路，借助合作伙伴的顾客及渠道优势，加强自身品牌传播。如独家冠名赞助湖南卫视《快乐中国毕业歌会》，同步推出"未来可期"暑期名师专题课程，提供1万节免费公开课。除了传统电视媒体，网易有道还关注网络媒体，通过网络综艺《吐槽大会》《中国新说唱》等热点节目，持续提升品牌知名度。

对过去不太涉及的线下传统媒体，网易有道开始尝试加大投入，只是一直恪守少花钱多办事的原则。如教师节期间，有道精品课购买了一些都市报纸的头版，点名道姓祝福有道精品课的明星讲师节日快乐。果然，这种出人意料的传播方式引发了大量二次传播。

2020年的新冠疫情成为在线教育发展的加速器。在暑秋班课程即将发布之际，有道精品课宣布签约郎平为品牌代言人，希望通过郎平身上永不言败的精神鼓励千万学子在求学路上拼搏进取。网易有道CEO周枫认为，作为中国女排的总教练，郎平是一位家喻户晓的名师，中国女排取得的成绩与郎平的专业训练和科学辅导分不开，请郎平做品牌代言人可以有效表达有道精品课课程及服务的高品质。

花钱不多，却斩获超过8亿顾客，轻松进入在线教育新赛道，并成功登陆纽交所，网易有道的传奇故事中，社交媒体是不可忽视的功臣。与生俱来的互联网基因使网易有道充分享受了社交媒体带来的新机遇。社交媒体平台顾客数据可识别保证了营销信息精准触达目标顾客；顾客评论、转载和推荐等引发的互动，吸引了大量潜在顾客，提升了沟通效率；同时，社交媒体平台提供及时反馈的数据，如点击、回复、转发等，帮助企业及时评估营销沟通活动和内容的有效性，不断优化。最为关键的是，相比传统媒体，社交媒体的成本更低。

但是，实践中更多企业却没有网易有道这样幸运，面对热闹非凡的社交媒体，它们更大的感受是焦虑和束手无策。原因在于这些企业对新兴社交媒体传播缺乏经验，没有将社交媒体纳入企业整体沟通规划的清晰思路，也缺乏熟悉社交媒体营销的专业人才。在实际操作中，社交媒体对内容及图片、视频等可视化、场景化的材料要求高，并且由于社交媒体触达顾客更快并可能引发快速二次传播，因此需要企业具备快速响应能力。这些难题使众多企业面对低成本高效率的社交媒体陷入困惑。

然而，面对不熟悉的新生事物，迷惑和恐惧是无用且有害的。既然社交媒体已经成为生活中不可缺少的一部分，既然伴随互联网兴起和发展长大成人的一代年轻顾客正在成为消费主力，既然移动互联网时代已经并正在继续改变人类获取信息的行为方式，企业必须正视并思考如何应用社交媒体工具提升沟通效率培育品牌。无论是消费品企业，还是工业品企业都要认真思考这个新课题。关注点要从是否运用社交媒体，转变为如何更好地使用社交媒体，并运用传统媒体和社交媒体的互补协同作用，获得高效的品牌传播效果。具体地，我们要关注以下三个问题：

第一，各种媒体工具有何区别？企业如何博采众长获得协同的沟通效果？

第二，适应社交媒体时代顾客获取和处理信息的特点，企业应把握和应用哪些新的沟通原则？

第三，如何衡量社交媒体时代的品牌沟通效果？

新媒体工具选择：迎接碎片化

理解社交媒体的类型，接纳、熟悉、应用，协同传统媒体，整体考虑社交媒体时代有效的品牌沟通工具组合。

在社交媒体时代，热闹纷杂、高度碎片化的媒体形式不断演变、层出不穷。过去提到媒体，我们只会想到电视、报纸、期刊等有限的大众传播媒体。如今，看看我们已经习以为常的微博、微信、今日头条、抖音、快手……这些不过是近10年才进入大众生活的社交媒体，却已经彻底改变了人们接收和传播信息的方式。企业应该如何适应这种变化，充分利用社交媒体兴起和信息传播方式转换带来的机会，与顾客建立更密切的品牌联系呢？

善于归类便不复杂

研究社交媒体，尤其是目标顾客日常使用的社交媒体，是企业必须重视的。接纳后才能熟悉，熟悉后才能运用自如。学者依照来源将社交媒体分为自有媒体、免费媒体和付费媒体，前两者是社交媒体时代的主力军，传统媒体多为付费媒体。

自有媒体指企业自己控制的沟通工具，如企业的官方网站、博客、微博、微信公众号、App等，也包括传统的企业官方报纸杂志等。社交媒体的发展极大扩展了自有媒体的形式、功能和影响力，实现了企业与顾客之间的双向沟通，以及顾客之间的多向沟通，影响范围也从有限空间扩展到全世界，同时运营成本大大降低。自有媒体的优点是可控性强，可以帮助顾客快速获取企业的官方信息，有效沟通积极的品牌形象和正确的产品信息，与顾客建立密切的关系。但自有媒体可能不被信任，且需要长期持续经营和维护。

免费媒体指企业通过品牌影响力、产品、营销活动等资源，免费获得的沟通工具，由顾客、媒体或机构自发创造、不以营利为目的，如顾客的口碑、病毒营销、媒体报道等。社交媒体催生了免费媒体并加速其扩散和流行。以顾客口碑为例，线下环境中的口碑往往局限于顾客熟人的小圈子里，社交媒体环境中顾客的口碑传播范围和速度空前提升。免费口碑具有在各社交媒体平台自发传播的特点，不受企业的控制。因为其多为顾客自发创造内容（UGC），容易得到顾客的信任，影响力巨大。水能载舟亦能覆舟，如果企业赢得了大量积极口碑，可以极大提升品牌形象；但当企业品牌遭遇负面口碑，如果处理不当，结果则是灾难性的。

付费媒体指企业或代理商通过向第三方付费获得的沟通工具，如搜索引擎广告、旗帜广告、网络视频广告等，传统的沟通工具，如电视广告、印刷广告、直邮目录等，多属于付费媒体。付费媒体传播范围广，但越来越昂贵，公信力逐渐减退。同时，社交媒体的冲击使得传统媒体的使用越来越有限。

巧拼沟通七巧板

显然，自有媒体、免费媒体和付费媒体各有特点，企业需要充分运用各种媒体工具的优势，规避其劣势，选择合适的媒体工具组合，

达到不同阶段的品牌沟通目标。例如，在产品刚刚上市阶段，需要吸引顾客注意力，提升产品知名度，此时需要正确宣传产品的功能属性和开发理念，可以采用可控性较高的自有媒体，有针对性地向目标顾客传播，同时激发一些免费媒体转发专家型目标顾客的口碑。选择自有媒体和免费媒体时要充分考虑对目标顾客精准的触达，而不是广而告之。因为此时目标顾客，尤其是专家型目标顾客对产品的看法对于改进产品更有帮助。当已经取得一定的市场地位后，企业既要注重提升现有顾客的满意度和忠诚度，又要吸引潜在的目标顾客，在建立顾客信任的基础上扩展品牌知名度成为此阶段的沟通目标。此时可以配合使用自有、免费和付费媒体，实现多元沟通目标。

社交媒体成本低，沟通效率高，帮助很多新品牌在短时间内获得大量顾客，甚至是传统媒体时代要用十几年甚至几十年才能达到的规模。网易有道就是很好的例子。创立早期，网易有道在市场宣传和推广上的资金投入并不多，几乎没有投放电视、电梯、公交这些线下传统媒体，所有投入基本都在线上。它大量采用了微博、微信、小游戏、小视频等方式，同时选择适合自身功能特点的搜索引擎优化、导航、手机预装等花费少、时效高的媒体工具，将自己变身为微信、浏览器的翻译功能嵌入顾客常用的社交媒体工具中，顺利启动了品牌知名度和流量的增长。

随着市场地位和影响力的提升，以及业务扩展到在线教育等领域，网易有道开始采用更广泛的媒体形式，包括公关、广告等传统媒体进行更广泛和有影响力的品牌传播。同时，品牌传播的受众范围也从顾客扩展到员工、公众等更广泛的利益相关者。网易有道一步步建立了在社交媒体时代特有的品牌沟通体系。网易有道负责营销的副总裁刘韧磊受邀给清华大学 MBA 学生分享网易有道的品牌沟通实践时，形象地称这套品牌沟通体系为"七巧板"模型（见图 5-1）。

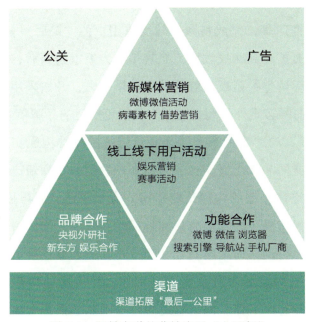

图 5-1　网易有道的营销沟通"七巧板"

"七巧板"模型归纳了网易有道使用的七大类沟通工具及其之间的关系。七类沟通工具分别被刘韧磊归纳为品牌合作、功能合作、线上线下顾客活动、新媒体营销、公关、广告、渠道。

创立早期，网易有道主要采用微博、微信等新媒体进行营销，组织线上线下用户活动，这些沟通工具的优点是花费很少。网易有道通过设计与有道词典产品特点紧密结合的有创意的内容，使产品信息获得广泛传播，迅速打开市场。随着市场地位增强，网易有道开始和其他大品牌合作，称为品牌合作。如与央视"希望之星"、外研社的英语比赛，及与英语学习和使用场景相关的一些电影、电视剧、娱乐节目合作。在功能合作方面，网易有道为微信等广泛使用的媒体工具提供翻译。借品牌合作和功能合作，网易有道接触到这些合作伙伴的顾客群，扩大了品牌影响力。有道词典业务发展中始终重视渠道，如手机软件应用商店等，完成将顾客转变成用户的"最后一公里"任务。当业务由词典扩展到在线教育，尤其是成为上市公司后，网易有道的品牌沟通目标调整为延展品牌的外延和影响力，开始采用公关、广告等线下媒体向顾客之外的利益相关者传播更广泛的品牌信息。

"七巧板"沟通模型源于网易有道持续的品牌沟通实践，不仅指导着有道词典的品牌沟通，也成为后来开发的一系列新产品，如有道翻译官、有道精品课的沟通策略指南。有了沟通"七巧板"，网易有道的品牌传播实现了内部的有序和外部的有效。不知内情的人看到网易有道层出不穷的沟通策略花样和源源不断的创意，会认为网易有道一定有着庞大的市场团队负责沟通工作，其实这一切都源于"七巧板"指导下的有序工作。网易有道的市场团队会依据七大类做整体沟通规划，然后在每一大类中根据目标顾客关注的新的媒体形式和热点话题，结合网易有道产品的特点设计具体的沟通文案。由此，从外部顾客与品牌的接触点看，网易有道的沟通花样百出，总能将信息以恰当的方式潜移默化地渗透到目标顾客的工作生活中，经常巧妙地"蹭"到热点，让顾客由衷佩服其创意的同时，渐渐培养了与网易有道越来越紧密的品牌关系。

企业不必照搬网易有道的"七巧板"，但可以从网易有道的品牌沟通实践中获得启发。接纳新兴社交媒体，认真思考其对顾客信息接收和传播行为的影响，从试水到熟悉再到熟练运用。在实践的过程中切忌浅尝辄止，要善于提炼总结，发展适合本企业特点的品牌传播体系。无论是"七巧板",还是"五禽戏",或是"八段锦",营销沟通方法要源于实践再用于指导实践,在碎片化的媒体形式和顾客碎片化的信息接收行为中形成具有整体感的品牌沟通策略。

全面覆盖目标顾客

随着顾客由统一的大众市场向异质的分众市场的细分演化,人们对媒体的需求也出现了分化。这种演化趋势催生了日益丰富的媒体形式,反过来又进一步促进了顾客媒体需求的细分化。因此,不同社交媒体吸引了不同的顾客群,形成不同的信息接收和传播特点。企业需要充分思考如何**将品牌信息协调地布局于各种社交媒体,达到对目标顾客的全覆盖,及不同社交媒体之间协同的沟通效果**。

网易有道几乎使用了目标顾客日常能接触到的所有社交媒体,因为它始终追随目标顾客信息接收方式的变化,特别关注新出现的社交媒体,从BBS、微博,到微信、病毒视频、小游戏;同时有选择地配合一些传统媒体,如品牌合作、产品发布会等公关和广告形式。网易有道的传播是全方位的,覆盖到碎片化媒体时代散落在各媒体工具的目标顾客和潜在目标顾客。

当各种社交媒体快速迭代时,网易有道巧妙地切换和持续使用各种媒体。微博逐渐代替博客怎么办?微信来了微博不火了怎么办?……网易有道既接纳并迅速适应新的媒体,也充分利用旧的媒体,在媒体形式不断升级换代的过程中游刃有余。网易有道认为即使一种社交媒体工具不流行,它也保留了一群忠诚顾客,而且留下的忠诚顾客之间相似性越强,更容易进行精准的信息传播。网易有道通过充分协调在各种社交媒体出现的品牌信息实现对目标顾客的全覆盖。

如确定哪些品牌信息适合在微博中出现，哪些适合用微信传播，哪些要通过QQ空间和人人网等沟通。凭借有力的媒体工具和有序的品牌信息布局，网易有道无论在保留老顾客并持续提升其忠诚度，还是在吸引新顾客激发其品牌兴趣两方面都如鱼得水。

互动时代的沟通：你讲我也要讲

社交媒体与传统媒体最大的不同是从"企业讲顾客听"转变为"企业讲顾客也要讲"。企业需要充分激发顾客的参与，以及顾客之间的互动，将品牌沟通内容自然融入目标顾客的工作生活场景中，借力顾客互动产生的免费媒体的自传播，潜移默化培育品牌。

激发互动

在传统的营销传播中，顾客是信息的被动接收者。信息传播的方向从企业到顾客，此时，顾客往往怀着审视甚至怀疑的态度看待企业传播的信息。这对企业来说其实是不公平的，难免造成企业制定沟通策略时为了寻求达到让顾客接受的效果而"用力过猛"的情况。相比"企业讲顾客听"的传统信息传播方式，顾客说企业听，以及顾客之间以社交媒体平台为媒介的自传播，影响力更大影响范围更广。

社交媒体为企业创造了更多激发企业与顾客之间、顾客与顾客之间互动的机会。这种信息沟通模式，可以让更了解企业的忠诚顾客作为使者，代替企业向新顾客或潜在顾客传播品牌信息。当信息源变成熟人和朋友，接收信息的顾客自然而然提升了对信息的接受度；而且，顾客之间通过社交媒体进行的积极交互行为越频繁，为企业产生的价值越多，这是主流媒体广告固有的单方向信息流动方式所无法企及的。

品牌信息通过社交媒体在顾客之间的持续传播，不仅传播效率高，还可以强化企业与顾客之间的关系。从关系视角看，企业与顾客之间的单向关系，一定不及企业与顾客、顾客与顾客之间的立体关系更稳固。因此，企业要努力激发企业与顾客之间、顾客与顾客之间的互动，利用群体动力获得事半功倍的沟通效果。

网易有道很善于激发顾客互动，充分享受免费媒体产生的传播效果。各种微视频、小游戏的内容与目标顾客的兴趣爱好紧密相关，顾客自己看着玩着很开心，自然随手转发分享给朋友。在相互转发有趣的微视频和小游戏过程中，顾客开心一笑的同时，逐渐熟悉了网易有道品牌。由于网易有道很巧妙地将产品与内容信息融合在一起，顾客转发起来完全不会有什么压力，因为这些内容看起来一点都不像广告。网易有道的品牌信息，就像投入湖心的石子激起的涟漪，由忠实顾客到普通顾客，再到潜在顾客，一波一波自然扩散开来。

场景化持续沟通：润物细无声

与传统媒体仅作为信息传播工具最大的不同是，社交媒体不仅满足顾客搜寻信息的需求，其趣味性和互动性还提供了娱乐社交利益，充分融入顾客的生活和工作。因此，**企业不能像对待传统媒体那样，将社交媒体仅仅作为传播信息的工具，而是要充分利用社交媒体融入生活和工作这一趋势带来的机会。**首先，要将产品及所要沟通的信息化为"无形"，随社交媒体润物无声地融入顾客日常工作和生活场景中。其次,要精心设计沟通内容,因为顾客只愿意转发他们觉得有趣有启发的信息,所以企业必须从应用场景出发,设计有创意和有趣的内容,让顾客自发帮助企业进行信息的二次传播。

网易有道清晰洞察顾客使用产品的场景,设计的品牌传播内容很自然,不会让顾客觉得网易有道在刻意说什么,往往是让顾客在工作娱乐的同时,轻松自然地认知了网易有道的产品功能或品牌幽默风趣的风格,丝毫没有生硬感。如微博每天给出的"单词卡片"充分展示了有道词典单词的新颖及现实感;"全球发音"则通过吸引全球顾客贡献发音,宣传了发音在不同国家和地区的演绎。

网易有道非常注重一个创意在不同社交媒体传播的延续性,从不浅尝辄止,一旦发现有效,就会坚持,形式不变,内容则根据当下流行的热点进行开发,更大程度吸引顾客参与和互动。如小游戏"单词大灌篮""平田的单词世界""师兄教我学英语"等与"单词卡片"的创意基础相同,只是在不同媒体工具中的应用,这种持续性不仅仅可以覆盖更广泛的顾客群,更让顾客产生了期待感,激发彼此之间的转发分享,从而使品牌信息获得更大程度的传播和强化。

懂产品的市场团队不缺创意

网易有道的市场团队很"不典型",多数员工不是广告或营销专业出身,而是工科或计算机专业背景。正是这个"不典型"的市场团队,在深刻了解产品背后技术的同时,作为资深顾客更容易洞察顾客行为,从而将产品功能、沟通信息和顾客的使用场景融合得天衣无缝。在网易有道经常能见到的场景是,市场部和产品部在白天各自忙各自的事情,晚饭后两个团队会坐在一起讨论,分享下一步的品牌信息沟通计划，以及需要产品部门提供的支持。市场部时常会传递给产品部一些产品新功能的线索，这些新功能虽然可能不是产品底层技术需求，但非常有助于产品的传播。网易有道市场部将这些功能称为产品的"传播功能"。如有道翻译官有一个功能叫"表情翻译"，拍下一个人的表情就可以"翻译"出他/她是开心还是难过，并展示出这个表情单词的中英文。这个功能推出后引发顾客极大的兴趣，转发率非常高，很多之前不了解网易有道产品的新顾客，受"表情翻译"功能的吸引，纷纷下载安装有道翻译官。这些顾客本来只是想玩一玩，使用了表情翻译功能后，发现有道翻译官在出国场景下功能非常强大，进而转变成有道翻译官的顾客。他们在使用有道翻译官很满意后，又去下载安装了有道词典。

无论是产品的一些让人惊叹的传播功能，还是风趣幽默的微视频、小游戏，在网易有道的品牌传播活动中，常常令人拍案叫绝的是创意，而且是源源不断的创意，这些都来自网易有道"不典型"的市场团队，作为懂技术的超级顾客，网易有道的市场团队在自己的真实生活中捕捉与网易有道产品结合的灵感，很多创意都是信手拈来。这些创意高度源于生活，同时与产品的功能和使用场景紧密结合，能够引发目标顾客的强烈共鸣从而形成持续的传播。无论是"保安小哥四六级考试"视频，还是H5"深夜，男同事问我睡了没有"，情节都是目标顾客日常生活中喜闻乐见的素材，亲切感和现场感十足。

社交媒体成本低，效果好，但想要轻松驾驭其实是不容易的。与传统媒体不同，企业不能将社交媒体仅仅作为传播工具，需要时就拿过来使用，这样无法获得好的传播效果。因为社交媒体的内容会直接影响传播效果，好的内容一定不是坐在办公室里凭空想象出来的，要有专门的团队持续研究和使用社交媒体，时刻沉浸其中才能有好的创意。

借势 UGC：共创价值

为顾客留下共创价值的空间，吸引顾客积极参与品牌内涵的发展及品牌信息的传播，激发和强化顾客的忠诚。

互联网时代的顾客自我认知强，他们希望表达，也善于表达。同时，当基本物质需求得到满足后，顾客往往开始寻求满足精神层面的需求，如个性化、参与感、社会认同等。企业要在品牌内涵的发展和品牌信息的传播中适当为顾客留下一些空间，吸引顾客积极参与品牌价值共创。

分析顾客参与品牌价值共创过程的收益可以发现，共创行为可以为顾客带来丰富的价值感知，进而激发顾客对品牌更具个性化的丰富联想，构建扎实的品牌感知，同时产生更多积极的口碑传播。与企业给定的普通产品相比，共创产品有更充分的空间和可能性满足顾客需求的不确定性和个性，使顾客感受到高偏好匹配。重要的是，共创过程会激发顾客的成就感，强化顾客对品牌的积极情感。另外，共创产品可以提供顾客个人形象的表达，为其带来社交价值。信息获取也是顾客参与共创过程的收益之一，因为参与共创可能会促使顾客更详细了解品牌，有时顾客希望通过分享信息解决问题，进而引发品牌信息在顾客之间的传播。

网易有道定期举办的"英语技能大赛""全国校园外国语歌手大

赛",通过英语跨界娱乐方式,呈现寓学于乐、轻松有趣的状态。这些都可以视为以网易有道品牌为平台建立的共创价值空间,为顾客提供了展示才华的舞台,通过比赛丰富参与者对网易有道品牌价值的理解。微视频"保安小哥四六级考试"采用网易公司的真实在职保安出演,顾客在有创意的沟通中找到了自己的影子,从而激发情感共鸣,这些都是品牌价值共创的尝试。从这个意义上理解,网易有道品牌是一个开放平台,供网易有道和顾客共同创造价值。显然,这些做法赢得了目标顾客的高度赞赏和品牌忠诚。

企业应该思考尽可能给顾客留下价值共创的空间,即使产品层面没有,也可以尝试在传播层面提供更多用户产生内容的机会,让顾客参与到品牌价值共创中来,提升顾客对品牌的涉入程度,进而提高忠诚度。

评价沟通效果:兼顾广度和深度

社交媒体时代的沟通效果,不仅仅取决于由创意质量决定的传播广度,更取决于沟通内容对顾客行为和产品理解的深度。

品牌沟通中最棘手的问题是评价沟通效果。传统媒体时代关注的覆盖率并不能很好地评价沟通策略的效果,社交媒体的加入,使得这个问题变得更加复杂。尽管如此,企业仍需要探索评价沟通效果的可能方法。

广度和深度都重要

通常来讲，一个沟通内容包括创意本身，以及产品信息和品牌形象两部分。如果创意奇特，传播量很高，但产品或品牌信息的露出很少，受众对产品或品牌的认知很低，此时沟通的深度就不够。相反，如果产品或品牌信息展示得非常清楚，但内容缺乏创意，过于直接表达品牌是什么及产品属性，会非常生硬，就影响传播的广度，因为这类信息在顾客中很难引发自传播。因此，企业需要协调沟通内容的深度和广度之间的关系，取得最好的沟通效果。

网易有道有来自实践的清晰的理解。他们认为，创意、产品和数据是衡量传播内容的三个维度。对每一项传播内容，网易有道首先会从深度和广度两个方面进行综合考量，并提出 $E = D \times W$ 的测评公式。E 是预测的传播效果，D 是产品或品牌嵌入内容的深度，W 是能够传播的广度；其次根据传播内容实际引发的点击、回复、转发等数据衡量真实的传播效果；最后通过比较预测和实际的传播效果来反思传播内容的创意，以及产品或品牌的嵌入程度。

网易有道在发布第二代智能翻译硬件产品有道翻译王 2.0 Pro 时，举办了一场别开生面的空中发布会，获得了非常好的沟通效果。网易有道邀请了媒体记者，利用飞机在空中没有网络的场景，进行点餐、跨国交流等沉浸式体验，让顾客真实感受有道翻译王强大的离线翻译功能。网易有道副总裁刘韧磊亲自出境，向记者们详细解读网易有道产品的离线功能。

事后，刘韧磊总结发布会获得成功的原因时说："谁都可以到空中开一个发布会，为什么我们做的这个发布会让大家印象深刻？因为我们产品的重要功能就是离线。空中是没有网络的，而旅行中会遇到点菜、沟通的场景，网易有道的翻译产品在这个场景派上用场，充分展示了强大的离线翻译功能。"有道翻译王的空中发布会同时实现了沟通的深度和广度。一方面，产品特性完美呈现在空中发布会场景中，很容易理解，深度足够且特性鲜明。另一方面，空中发布会独特有趣，引发媒体记者与顾客在社交媒体之间的二次广泛传播，获得了让人满意的传播广度。

审视网易有道的每一次沟通，都围绕沟通的深度和广度进行思考。而且，网易有道往往先考虑深度，再考虑广度。只有具备深度的广度才有意义，因此不难理解网易有道的日活用户量能够达到1亿，这些顾客都是忠诚的粉丝。

以阶段性品牌目标来衡量

因为建设品牌是营销沟通的首要任务，一些学者建议根据要实现的品牌目标评价沟通效果。品牌建设的总目标是基于清晰的品牌核心价值，选择有效的沟通策略，通过优化组合，求得短期企业绩效的提升和长期品牌感知的增长。但在品牌成长过程中，不同阶段可能具有不同的沟通目标，包括增强认知、传递信息、强化形象、建立信任、引起共鸣、激发行动、树立忠诚、连接顾客八个方面（Keller, 2016; Batra & Keller, 2016）。因此，**企业应在总体目标的指导下，结合品牌发展不同阶段的目标，以顾客品牌感知的建立情况评价沟通效果。**具体的考察指标包括覆盖率、成本、贡献率、共通性、互补性、交叉性和适应性等（Keller, 2016）。

品牌初创期的沟通目标是增强认知和传递信息，可以采用低成本的自媒体和免费社交媒体沟通策略,以成本和覆盖率来衡量沟通效果。发展期的沟通目标是强化品牌形象,建立顾客的信任,及激发顾客之间的互动,选择与其他互联网工具的合作营销,进行对核心顾客和一般顾客的广泛沟通,重点考察各种沟通策略的贡献率和彼此之间的互补性。繁荣期,企业业务可能已延展到多个领域,沟通目标是连接各个目标顾客群,引起顾客与品牌之间的共鸣,激发顾客的购买行动,并强化顾客忠诚,企业会运用更具穿透力的传统媒体,如广告和公关,此时可以采用适应性作为沟通效果的评价指标。

网易有道在品牌发展的不同阶段,品牌地位和目标不同:初创期是挑战者,强调独特的产品属性;发展期建立了领导者地位,强调产品给予顾客的利益;延展期奠定整合者地位,希望建立富含情感的品牌形象。品牌形象演化的基础是不同阶段目标顾客的构成类型和需求特点不同,导致企业有不同阶段的品牌建设目标,需要动态匹配整合营销沟通策略。企业要根据品牌发展阶段,以及定位类型和定位点,确定沟通目标,然后选择合适的沟通策略,明确符合企业发展阶段和沟通目标的沟通效果评价指标,从而保证沟通策略对于实现品牌定位的有效性。

社交媒体的产生和发展为企业的品牌沟通带来挑战的同时,更带来巨大的机遇。面对媒体形式的碎片化和顾客接收与传播信息方式的碎片化,企业要接纳、熟悉直至熟练应用社交媒体,制订通盘规划方案对目标顾客实现全方位覆盖。顺应社交媒体时代的顾客接收信息特点,思考更好地应用能够激发顾客之间互动和具有价值共创空间的自有媒体和免费媒体,达到事半功倍的沟通效果。同时,企业需要在品牌沟通实践中构建和发展适合自己的沟通理论,用于指导社交媒体时代的沟通策略。

如果您所在的企业面临如何在社交媒体环境下提升品牌沟通效率的问题,请结合目标顾客需求和企业产品的特点,思考以下问题——可以采用的自有媒体、免费媒体和付费媒体有哪些?如何根据品牌建设目标选择合适的媒体组合?如何取得媒体组合的协同效果?如何规划有效的沟通内容?如何激发顾客间的互动?如何吸引顾客参与品牌价值共创?如何衡量沟通效果?

第六章

借力利益相关者

"经销店做得好坏不仅仅在于某个职业经理人,更是一个团队做出来的。"
——李国强(中升集团总裁兼首席执行官)

企业在目标顾客心智中建立品牌的过程不是孤立的。企业与顾客的交互始终处于开放的环境中，顾客品牌感知的形成必然受到其他利益相关者，如员工、政府、媒体、公众等对品牌态度的影响。因此，在品牌建设过程中，企业不仅仅要让目标顾客满意，更要兼顾顾客之外的利益相关者。不同利益相关者对企业的需求存在差异，有时甚至可能存在矛盾，企业要在这些需求之间达成平衡，形成多目标系统。品牌正是企业协调整合各方利益相关者需求的有力抓手。

本章讨论借力利益相关者强化目标顾客品牌感知，最终通过品牌搭建企业面向各利益相关者沟通的平台，在利益相关者心智中培育品牌树。具体关注两个问题，针对顾客、上下游合作伙伴、政府、公众、投资者等外部利益相关者，如何为品牌的创建和成长营造良好的环境？针对员工这个重要的内部利益相关者，如何培育有凝聚力的品牌文化，让员工成为品牌的忠实粉丝和使者？

中升集团：终生伙伴

2018 年，中国汽车市场迎来自有数据记录的 28 年来的首次负增长，全行业陷入低迷。2019 年继续下滑，产销量分别较 2018 年下降 9.2% 和 9.6%。面对经济周期下行压力和行业不景气的双重考验，多数汽车经销企业业绩不及预期，但有一家企业业绩却非常亮眼。中升集团控股有限公司㊀2018 年实现营业收入 1077.3 亿元人民币，较上年增长 24.9%，成为达到千亿元销售规模的两家中国汽车经销商之一。2019 年中升集团继续保持了一贯的好成绩，总营业收入增长到

㊀ 企业官网 http://www.zs-group.com.cn/。

1240.43 亿元人民币。

顺势而为尚且不容易，连续保持逆势上行必然有过人之处。在中升集团的 4S 店里，"中升集团，终生伙伴"的字样随处可见。看似普通的"伙伴"二字，正是中升集团从一家名不见经传的小企业，持续稳健成长为中国汽车经销领域标杆企业的奥秘。伙伴关系已成为中升品牌文化的底色。创立二十几年中，中升集团始终秉持"终生伙伴"的宗旨，真诚对待顾客、员工、汽车品牌供应商及所在社区，并思考和践行如何将终生伙伴关系深化复制为企业的品牌核心竞争力。

有质量的规模

1998 年，中升集团诞生，它是中国首家获得丰田经销权的经销商，以及中国最早获雷克萨斯及奥迪经销代理权的公司之一。中升集团致力于发展一站式汽车经营模式，通过 4S 店进行新车销售，提供售后产品及服务，包括提供零部件、汽车用品、维修及保养、汽车美容，以及其他与汽车相关的产品及服务。公司于 2010 年在香港主板上市，是中国第一家通过 IPO 上市的汽车经销集团。

中升集团专注经营豪华和中高档汽车品牌，包括梅赛德斯—奔驰、雷克萨斯、奥迪、保时捷、路虎、丰田等品牌。截至 2018 年 12 月 31 日，已开业运营的经销店 318 家，其中豪华品牌经销店 175 家，中高端品牌经销店 143 家，覆盖全国 24 个省及地区的 90 个城市。85% 的经销店位于一二线或省会城市。

相比规模，中升集团更看重质量。在中国众多汽车经销企业中，从 4S 店数量看，中升集团的规模并不大，却取得了令人惊叹的业绩。"我们追求的是质量、有厚度的规模，或者叫质量加体量。在市场竞争中只有优秀者，而不是恐龙，才能生存。"在中国汽车经销商的各种排名中，中升集团多次凭借经营质量名列前茅。如2016年中国汽车经销商集团百强排行榜，中升集团排名第二，综合盈利能力排名第一。中国汽车流通协会对国内主要经销商企业就"盈利能力""盈利潜力"和"有效规模"等的综合评定中，中升集团也位列第一。从净资产收益率看，中升集团2018年是21.2%，远超百强经销商集团的均值9.4%。

中升集团的高净资产收益率主要源于其销售利润率，即盈利能力。一方面，中升集团集中经营中高端和豪华车，利润空间大，如2019年奔驰的销售收入占其总收入的29.3%。另一方面，在中升集团的收入结构中，售后及精品、增值服务收入的比例逐年增加，2019年此类业务收入同比增长超过20%，远高于整体收入的增长水平。而售后及增值业务在整车销售盈利空间不断降低的背景下越来越重要，成为汽车经销业收入增长的新来源。

相比经销店的数量，更关注每个店的经营深度；相比通过新车销售获得收入，更关注满足已购车顾客在车辆使用过程中的需求，谋求售后及增值收入。这就是中升集团所看重的经营质量的内涵，将每个4S店的业务做扎实，获得忠诚顾客及其产生的持续收入，继而凭借稳健成长的业绩得到汽车品牌商的信任，建立紧密的终生伙伴关系。然后在确保单店经营质量基础上，将经验复制到新开的店，稳扎稳打取得以少胜多的结果。即使在上市后，中升集团也没有为赚快钱迅速扩张规模，在合作品牌商的选择及每个品牌开设的4S店数量上非常克制。

顾客终生价值

"终生伙伴"的重点不仅仅是"伙伴",更是"终生"。购买和使用汽车对顾客来说是一个长达数年的过程。从创立之初,中升集团便将顾客满意和忠诚置于首位,致力于向每位顾客提供贴心周到的高质量购车和用车服务,与顾客建立长久关系。在这个经营方针引领下,当一位顾客走进4S店,中升集团的员工思考的是如何与顾客建立终生伙伴关系,而不是想方设法在这一次交易中将顾客口袋里的钱尽可能多地拿出来。

由于公司的业务战略定位是中高端品牌的专业汽车服务企业,强化了顾客对服务质量的关注。相比价格敏感的低端顾客,中高端顾客更看重服务,并愿意为优质的服务支付溢价,后续还会在中高端人群中传送对品牌有利的口碑。实践表明,在汽车市场,相比价格敏感的低端顾客,中高端顾客虽然更挑剔,但满意的高端顾客会为企业创造更多价值。

中升集团通过构建一站式汽车服务业务模式,保证顾客至上经营方针扎实落地。中升集团建立了详尽的顾客数据库,包含所有4S经销店的顾客服务记录,及时追踪顾客对中升集团产品及服务的消费风格与喜好,了解并预测顾客需求。通过一站式汽车服务提供商的业务模式吸引顾客选择中升集团的各项服务,获得顾客的终生价值。

顾客至上的经营理念为中升集团赢得了大量忠诚顾客。从经营数据可以看出,中升集团从不凭低价取胜,在中升集团买车修车都不便宜,但中升集团的忠诚顾客比例却非常高,1年内回修率达100%,3年内回修率也高达90%。满意的顾客不仅自己忠诚于中升集团,还带动身边的亲人朋友来中升集团买车,并吸引了很多之前没有在中升集团购车的车主到中升集团进行车辆后续保养维修服务。在中升集团，顾客从满意到感动、从感动到忠诚的例子比比皆是。

风物长宜放眼量。中升集团以培育顾客终生价值为目标，在浮躁的大环境中就有了定力，稳健地走出属于自己的坚实道路。"终生伙伴"理念的本质在于，顾客被视为利益相关者，而不仅仅是收入的来源。

锻造品牌使者

顾客是企业最重要的外部利益相关者，员工则是最重要的内部利益相关者。忠诚的顾客背后一定有一支过硬的服务团队。在被称为中升1号店的第一家丰田4S店里，一面墙上曾张贴着十几位优秀店长的照片，标题是"从优秀到卓越"。很多优秀店长是从普通销售人员一步步成长起来的，正是优秀的员工们充当中升集团的品牌使者，向顾客传递了中升集团的终生伙伴理念。

每位中升集团员工都深谙顾客终生价值的重要意义。他们高度重视顾客服务的每个细节，包括售前需求管理、售中服务提供、售后客情维护，保证顾客在购买全过程的所有节点获得满意的服务。服务是非标准化的，服务过程中常常出现一些事先没有预知的情形，需要根据具体情况灵活处理。中升集团根深蒂固的服务意识驱使员工自发实施积极的、最大限度保护顾客利益的服务行为。为此，公司为服务一线员工进行了充分授权，发挥员工在服务现场的主动性和创造性，也激发了顾客服务的不断创新。因此，在中升集团员工看来，顾客仅仅满意是不够的，说明自己的工作还不到位，他们常常会在顾客自己还没想到的时候就为顾客做好了。在中升集团，被超越期望的贴心服务感动的顾客比比皆是。

中升集团的内部选拔晋升机制激发了追求卓越的精神。员工的积极性来自对未来的希望，每个人都知道企业发展意味着更好的职业发展机会，只要努力创造业绩就有机会进入更大空间。在清晰的职业发展前景下，员工自我激励，追求优秀和卓越。以中升丰田1号店为例，这家店的人员"流动率"很高，销售人员一般工作2年就被调走到其他店去担任更高职位。中升集团内几个主流品牌，如丰田、雷克萨斯、奔驰、东风日产，都有自己的"1号店"。"1号店"往往是该品牌在中升集团建立的第一家店，时间长、业绩好，在日后的发展中承担了培养人才的任务，保证公司以良好的管理实现稳定的增长。同时，中升集团采用经销店经理轮岗制度，保证成功经验在集团内实时共享和服务水平普遍提升。

融入骨子的"终生伙伴"是中升品牌文化的核心。在长期发展中，中升集团摸索和形成了"团队、团结、用心、创新"的企业文化。中升集团的员工非常团结，互帮互助，团队意识强，不仅体现在一个4S店内的各销售团队和销售辅助部门之间，还体现在4S店之间。各个4S店之间互相支援骨干人员、交流管理经验是中升集团的传统。

即使在同一个区域销售同一品牌的4S店之间，也没有争夺顾客的恶性竞争，而是相互协作。集团在考核4S店时注重协作的整体业绩，如某客户要购买30辆丰田车，该地区的两个丰田4S店都会竭诚为客户服务，无论最后客户在哪家店购买，集团在年终考核的时候都会将业绩分摊给两家店。同时，4S店对各职能部门人员的考核指标中，服务意识是重要一环。所以在中升集团，看到的竞争是比服务，而不是拼价格和争抢客户。

中升集团的组织设计保障了 4S 店的自主性和服务创新活力。总部和 4S 店之间等级少，可以快速沟通，灵活响应。总部对 4S 店采取抓大放小的管理方式，关键管理人员、投资由总部审批，日常经营及顾客服务由 4S 店全权负责。总部通过目标管理监控 4S 店的关键业绩指标（KPI），对 4S 店出现的问题及时协调改善。中升集团设有"服务提升项目管理小组"，由主管经营的副总负责，优秀 4S 店的总经理和部长为小组成员。小组定期研讨服务提升策略，并针对普遍存在的问题为重点 4S 店提出相应改善策略，必要时会指派服务提升小组进驻问题店进行现场指导，及时监控改善效果。在中升集团，大家都知道，任何一家 4S 店遇到困难，都会得到集团的支援和帮助。而 4S 店的总经理们更是站在服务的第一线，及时解决问题，协助员工做好顾客服务。"上行下效""骨干以身作则、言传身教"的工作方式是中升集团的传统。

珍惜供应商

除了顾客和员工，中升集团非常注重与汽车品牌厂家之间建立"终生伙伴"关系。中升集团抓住了世界知名汽车品牌在中国建设经销店的早期机会，成为丰田、雷克萨斯、日产、奥迪等品牌的第一批经销商。这个阶段，主机厂和经销商都在摸索如何在中国市场销售汽车，在这个互相学习的过程中，中升集团成长起来了。

在发展品牌商方面，中升集团始终非常克制，会充分考虑未来收益、品牌潜力及中升集团既有的品牌格局做出决策，形成了品牌集中度相对比较高的格局。为此中升集团放弃了一些快速占领市场的机会，但正是这种克制，帮助中升集团在品牌组合和区域组合框架下，形成和强化了自己的优势。显然，在对品牌的理解深度及沟通效率上，一个品牌只有两三个店和一个品牌有二三十个店，汽车经销商与汽车品牌商的关系完全不同。而且，同品牌的店数多了，很容易互相学习、复制并进一步提升最佳实践。

在创立早期，中升集团非常注重学习世界顶级汽车品牌厂家的服务理念，带动中升集团自身的品牌起步。在后续发展中，中升集团努力将自身企业文化与品牌厂家的理念相融合，结合中国市场发展阶段实际情况，形成中升集团的优势，进而带动汽车品牌在中国的发展。如在青岛，原来通用汽车销售较好，中升集团进入后大大提升了日产汽车的吸引力，将市场份额从 3.87% 迅速提升至 7.55%，由此，日产决定将青岛所有的 4S 店交给中升集团经营。在与汽车品牌厂商长期合作中，中升集团始终恪守承诺，也让汽车品牌厂商体会到终生伙伴的内涵。例如，即使是 1998 年、2008 年经济危机剧烈影响汽车需求的情况下，中升集团依然按年初制订的计划提走所有车。2009 年，丰田陷入召回危机，中升集团自费组织顾客日本包机游，让顾客参观丰田生产厂、丰田博物馆，感受丰田的质量和服务理念。

随着中国汽车市场的快速发展，汽车品牌厂家日益趋向有选择地签订新的经销协议。甚至其中一些企业已开始仅限于向各地区业绩最佳的经销商开放签订新的 4S 经销协议。中升集团凭借一贯的诚信和优秀的经营业绩取得建立合作关系的汽车品牌厂商的信任，建立了紧密及稳定的合作关系，一方面中升集团可以得到厂家更大的技术和培训支持；另一方面，4S 经销店网络和充裕的财务资源可保证产生较大的采购金额，使得中升集团的议价能力大幅增强，获得充足的备货又可以及时满足顾客的需求。

诚信为本

中升人的骨子里,"终生伙伴"关系的底层逻辑是诚信。中升人以诚信作为与所有利益相关者建立终生伙伴关系的基石。除了顾客、员工、汽车品牌厂商外,中升集团对银行及时偿还贷款从不拖欠,对税务机关,按章纳税,对投资者完全公开信息。

在企业发展的同时,中升集团努力践行社会责任,不遗余力回报社会。教育是中升集团最为关注的领域之一,中升集团连续多年开展"中升小黄帽平安行大型公益主题活动"。深入校园,为刚入学的一年级新生发放小黄帽和交通安全课程表,开展交通安全常识教育,在学生家长及广大驾驶员中发放中升爱心车贴,倡导交通安全礼让,通过车主微博互动,共同打造安全和谐的交通环境。此外,中升集团捐建希望小学,并在高校设立中升奖学金和助学金,开展捐助"蓓蕾生命活动基金"等公益活动。为生病的员工捐款,帮助遇到生活困难的员工等事例在中升集团更是数不胜数。

"中升集团,终生伙伴",中升集团的品牌文化形成了无形的气场,为中升品牌的建立和成长营造了良好的环境。积极努力的员工认同顾客至上的经营理念,为顾客提供贴心服务,获得顾客终生价值和满意的市场业绩。中升集团与汽车品牌厂商发展终生伙伴关系,相互信任、共同发展。以诚相待的终生伙伴文化进一步渗透到中升集团与政府、投资者、社区的关系中。可见,中升集团在利益相关者心智中种下了品牌树。

品牌将企业的关注焦点从顾客延展到利益相关者,这里有两个重要的变化。第一,关注对象范围扩展到影响企业目标实现的所有个体

和群体，包括顾客、投资者、员工、供应商、政府、媒体、所在社区公众等。如果说产品关注的对象是顾客，那么从品牌角度看，不仅顾客，员工、投资者、政府、公众等也都是利益相关者。**第二，关注时间从当下延伸到长期**，因为不同利益相关者对企业的需求不同，企业必须平衡长期目标和短期目标。做今天的事，还要操心明天和后天，视野自然会开阔长远。总之，利益相关者将企业从单一的经济范畴延展到更广泛的社会范畴。

因此，**面对众多利益相关者，企业成为多目标系统，品牌便成为企业与不同利益相关者协调和沟通的工具**。企业需要建立完整的利益相关者视角，运用品牌组合分别影响不同的利益相关者，其中，产品品牌的主要沟通对象是顾客，公司品牌的沟通对象包括员工、供应商、投资者、合作商、政府和社区等。各类利益相关者对品牌的认知相互影响，企业要学会借助不同利益相关者之间的相互作用，为企业建设品牌营造良好的内外部环境，最终强化品牌在目标顾客心智中的形象和地位。换句话说，企业要努力在利益相关者的心智中建立品牌，具体地，我们需要思考以下两个问题：

第一，如何兼顾外部利益相关者，为品牌营造良好的外部生长环境？

第二，如何将员工培养成品牌使者，为品牌建立有利的内部文化环境？

借力利益相关者：君子善假于物

以满足和创造目标顾客需求为初心，建立完整的利益相关者视角，协调各方对品牌的需求，为品牌成长营造良好的内外部环境。

利益相关者

利益相关者理论最早源于公司治理，该理论认为对企业起主导作用的是股东利益。20世纪90年代后，随着企业伦理和社会责任诉求提升，利益相关者的关注范围得以扩展，包括所有为企业投入了一定专用性资产，或分担了企业的经营风险，或为企业经营活动付出了代价的所有对象，如员工、顾客、股东、政府、公众等。企业的经营决策必须全面考虑他们的利益，给予相应报酬和补偿。

商业圆桌会议（Business Roundtable）是一个包含美国181家大公司的组织，该组织的成员包括苹果、亚马逊、美国银行、通用汽车、埃森哲等。2019年8月19日，该组织宣布，将企业治理的原则和企业宗旨修改为："为我们的客户提供价值；投资我们的员工；与供应商公平合理地进行交易；支持我们的社区；为股东创造长期价值。"显然，广泛、全面地看待企业目标，可以让企业专注于创造长期价值，更好地服务所有利益相关者：顾客、员工、供应商、社区、投资人。

因各自价值取向和立场不同，利益相关者对企业的利益诉求不同。如果企业未能公正对待和满足这些诉求，势必导致冲突和矛盾。所以经营企业绝不仅仅是做好产品和服务，让顾客满意这么简单。对其他利益相关者诉求的满足情况也会极大影响顾客感知，尤其在今天这种日益复杂、信息透明的市场环境中。如果企业对于利益相关者之间利益处理不当或沟通不及时，就会引发危机。多数企业设有危机管理部门，对危机应对是不陌生的。但相反，企业往往忽略从利益相关者的积极作用来思考，如果利益相关者关系处理得当，将会极大有利于企业的品牌建设。

站在品牌的角度看，企业应该关注的外部利益相关者包括顾客

（现有顾客和潜在顾客）、上下游合作伙伴、投资者、影响者（政府、行业协会、媒体等），内部利益相关者是员工（见图6-1）。先看内部利益相关者，品牌承载了员工的事业理想，给予其信心和凝聚力。再看外部利益相关者，对于目标顾客来说，品牌是需求的满足，是充分的信任和情感的归属认同。满意的现有顾客会将品牌视为伙伴，潜在顾客则将品牌作为渴望的对象。对于上下游合作伙伴来说，品牌是降低风险建立信任的凭据，是共同发展的基础。对于投资者来说，品牌则是有成长潜力的资产。对于政府、行业协会和媒体这些影响者来说，优秀的品牌是标杆，是制定行业政策的范本。

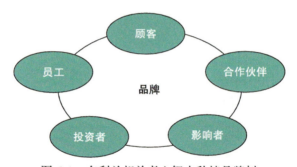

图6-1 在利益相关者心智中种植品牌树

显然，各类利益相关者对品牌的感知都会或多或少、或远或近影响顾客的品牌感知。而顾客的品牌感知又将决定企业的业绩表现，影响企业能够掌控的、可用于协调利益相关者关系的资源。同时，利益相关者之间的微妙缔结关联有助于企业能力的提升。就像小伙子找对象，姑娘满意最重要，但姑娘的父母、闺蜜、同事的看法无疑会影响这份感情的结局。

在实践中，企业不仅需要建立利益相关者的整体视角，还要注意的是，通常企业内部与不同利益相关者打交道的职能部门不同，如产品部门更关心顾客，人力资源部门服务员工，投资者关系部门更关心投资者，公关部门对接政府和媒体……因此，各部门都要意识到自己肩负着建设品牌的职责，可以采用定期联席会议等工作制度，从品牌建设的角度思考讨论制定阶段性目标，各自针对不同利益相关者沟通的信息重点，在完成本部门任务目标的同时，潜移默化传播品牌信息。

由顾客定义事业

当各利益相关者对企业的需求出现矛盾时，企业处理的优先顺序充分体现其价值观。美国商业圆桌会议在2019年将自1997年以来坚持了22年的"为股东赚钱"的首要目标调整为"为客户创造价值"。为股东创造价值从原来的第一位，成为排在顾客、员工、供应商、社区后的最后一个目标承诺。显然，这一重大变化是美国大企业们面对今天市场格局的变化做出的选择。这与我们在中国观察到的情况不谋而合，优秀的企业无一不将顾客作为最重要的利益相关者。

将顾客置于首位不难理解，我们在第一章已经清晰阐述过，企业在今天变迁的市场中实现竞争优势跃升必须采用顾客导向的经营理念，品牌恰好是帮助企业实现顾客导向的有力抓手。在这里，我们应该重点思考一个问题，如果将顾客视为最重要的利益相关者，那么为顾客创造价值如何撬动其他利益相关者，为企业的品牌建设和成长创造良好、长期的内外部环境？

德鲁克在《管理的实践》一书中对于企业的本质和目的的阐述可以帮助我们理解这个问题。德鲁克指出，企业最高管理层的首要职责就是提出和正确回答决定企业成败的关键问题。这个问题就是："我们的事业是什么？"这是企业的初心和动力的源泉。遗憾的是，现实中只有很少的企业充分研究和思考这个问题，或许这就是很多企业失败的重要原因。那么，我们的事业到底是什么？德鲁克指出，问题的答案不是由企业自行决定的，更不是靠公司名称、地位和章程来定义，而是由顾客购买产品或服务时获得满足的需求定义的。

顾客是企业生存的命脉和基石，顾客决定了企业是什么，只有当顾客愿意付钱购买产品或服务时，经济资源才转变为财富。社会将创造财富的资源委托给企业，就是为了满足顾客的需求。企业必须以为顾客创造价值来定义初心，并时时警醒和反思。企业不能仅在初创期和发展陷入困境时思考这一点，在一帆风顺时也要深思熟虑。如亚马逊或京东，曾长期处于亏损状态，但为了满足顾客便捷快速购物的需求，一直坚持自建物流。有正确的初心，企业便有了存在的意义，才能有效获得人力、资金等资源，得到政府和公众的支持。这就是以顾客作为首要利益相关者，可以撬动其他利益相关者的深层原因。

以中升集团为例，它创建之初便明确提出顾客至上，打造百年老店的目标。当时中升集团选择与丰田、日产等日系品牌合作的重要原因就是受到日系品牌先进服务理念的吸引，希望与其合作学习提升自身能力。如果一个企业的目标不是追求短期经济利益，它的格局就变大了。顾客终生价值和百年老店使中升集团萌生并秉承了终生伙伴的核心理念，这句表面简单实则内涵深刻的口号表明了中升集团立世行事的执着信念和文化基础。创造顾客终生价值的事业目标，深深激励着每一位员工。因为，赚钱的买卖、满足顾客需求的企业，及催人奋进的事业之间的差别是巨大的。事业会激发员工深信不疑的信念，和源源不断的工作激情及创新动力。

拥有将创造顾客终生价值为事业奋斗目标的员工，中升集团"追求卓越、矢志不渝、诚实守信、开拓创新"的经营理念便能落地。良好的业绩使中升集团与全球领先的汽车品牌商建立紧密而稳定的合作关系，中升集团视汽车品牌商为息息相关的合作伙伴，与其一起肩负起在当地建立和发展汽车品牌的重任，成为多个品牌商在中国最大和最信赖的经销商。在协助世界汽车品牌在中国市场发展的过程中，中升集团建立了自己的品牌。

顾客、员工、汽车品牌供应商，中升集团牢牢把握住这三个利益相关者，通过一站式汽车服务模式与其建立起"终生伙伴"关系，并将点点滴滴的服务创新累积到中升品牌中，使得中升集团成长为中国汽车经销集团的领导品牌。持续优秀的业绩为投资者带来了满意的回报，中升集团成为资本市场投资者关注的对象。在诚信经营之外，中升集团始终不忘坚守社会责任，公益慈善、回馈社会是中升集团的日常工作。在政府、行业协会看来，中升集团树立了行业标杆。中升集团在上述利益相关者心智中建立的品牌形象，对购车和修车的顾客的品牌感知产生潜移默化的影响，进一步扩大中升集团在市场上的影响力。

"君子生非异也，善假于物也。"企业以顾客价值定义初心，通过洞察顾客购买产品和服务时获得的需求满足和创造顾客，获得并高效协调社会所赋予的各种资源，带动其他利益相关者，进而为企业成长营造良好的外部环境。

让员工成为品牌使者：建立品牌文化

伟大的品牌是由内而外缔造的，企业建立有凝聚力和激励力的品牌文化，让每个员工成为品牌使者。

让员工深信不疑

顾客是企业最重要的外部利益相关者,员工则是最重要的内部利益相关者。因为员工能否积极主动、努力并创造性地工作,决定了企业事业目标的实现质量。企业在让目标顾客喜爱自己的品牌前,要先扪心自问是否了解和喜爱品牌。品牌是所有员工共同创造出来的,只有将对品牌核心价值的不懈追求融入每位员工的信念中,让员工对所从事的事业深信不疑,并为之骄傲,才能培育强大的品牌。

品牌愿景和目标不是"纸上写写,墙上挂挂"就能实现的,需要融入每位员工的血液里。Baumgarth(2010)借鉴公司文化模型将品牌文化分成4个维度:价值层、规范层、物质层和行为层。其中,价值层衡量品牌在企业战略发展中的作用及对品牌内涵的理解;规范层涉及显性或隐性法规制度的影响,决定品牌管理基本运作,如品牌传播等;物质层则是组织中有形的符号,如品牌形象识别系统,反映并强化了品牌定位;行为层涉及建设品牌的具体行为和措施。

因此,品牌战略具有高度文化属性,必须先将员工培养成品牌的忠实粉丝,在价值观和信仰层面认同品牌核心价值,将其视为自己的追求,才能保证制度规范、品牌形象、品牌建设等具体策略不打折扣地扎实落地,逐步实现品牌目标。企业可以从以下方面思考如何提升员工的心理契约。第一,信任和授权。充分授权会激发员工的主人翁责任感,信任并鼓励员工展示真实的自我会让他们敢于放手尝试并愿意承担责任。第二,促进合作,加强各职能部门、各业务线之间的沟通,避免员工只关注自己负责的部分造成视野狭窄。第三,尊重贡献和善于奖励。除了奖励绩效出色的员工外,企业平时要向员工了解和征询公司决策问题的想法和解决方案，积极采纳并奖励献计献策的员工，提升员工的责任感。

以苹果公司的 Mac 电脑团队为例，乔布斯始终向团队灌输，他们是一支有着崇高使命的特殊队伍，大家所做的工作将会对整个世界产生深远的影响。"我们的目标从来都不是打败竞争对手，也不是狠赚一笔，而是要做出最好的产品，甚至比最好的还要好一点。"受乔布斯的影响，Mac 电脑团队充满激情地要制造一件完美的产品，而不仅仅是可以赚钱的产品。苹果的产品工程师迈克·伊凡吉李斯特（Mike Evangelist）说，"乔布斯无法容忍自己和他人的不完美，他迫使我要更加努力，而且最终我做得比预期要好。我相信这是史蒂夫·乔布斯带给苹果最重要的影响力之一。"乔布斯为苹果公司的这些天才员工们注入了持久的热情，并让他们背负着创造革命性产品的期待，同时让他们相信，自己可以完成看上去不可能完成的事情。所以说，苹果在目标顾客心智中种植品牌树之前，已经在笃信并追求完美、渴望创造出改变世界的革命性产品的一群天才员工的心智中种下了苹果的品牌树。

相比制造业，对于服务企业，让员工，尤其是一线员工理解企业的事业目标，并为之骄傲更为重要。中升集团非常明确自己实现顾客价值的重要抓手是员工，始终重视员工培养和企业文化建设。由专业的人力资源机构实施专门的人才培养和管理机制，建立科学合理的激励机制。并设立专项的人才引进和梯队建设费用预算，每年引进高素质人才，从基层开始培养，在时机成熟时安排到合适的岗位上。内部提拔机制为员工展现了清晰的职业发展目标。中层以上管理层的自主离职率几乎为零。员工的忠诚对于服务企业来说至关重要，保证了顾客服务的质量。所以，中升集团在顾客和员工之间实现了正循环：员工从优秀到卓越到忠诚,保证了顾客从满意到感动到忠诚,而顾客的忠诚反过来又激励了员工的忠诚。

品牌良性循环圈

创建品牌文化的起点是领导者。由强调品牌文化、有远见的领导者充当布道者,以事业目标为根基,持续激发员工的精神追求;基于一致价值观招聘员工,企业更容易将品牌核心价值融入企业文化;员工日常行为充分体现品牌文化,一致的员工行为使利益相关者对品牌核心价值产生充分理解;目标顾客作为最重要的利益相关者,他们认同品牌核心价值并重复购买,产生顾客满意和忠诚,带来良好的市场业绩;市场业绩进一步彰显品牌核心价值的适宜性,使企业坚定对品牌核心价值的信心。品牌核心价值在良性循环中持续强化(见图 6-2)。

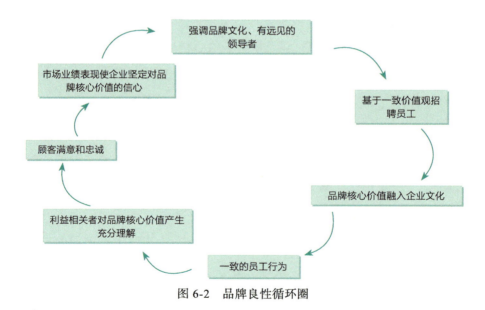

图 6-2　品牌良性循环圈

企业领导者的价值观非常重要，是启动品牌良性循环圈的起点。以北新建材为例，制高点品牌战略的底色就是对品牌目标不懈追求的品牌文化。王兵认为，"企业的使命是推动人的全面发展——企业主要是由人，而不仅仅是物质和资本组成的。从我开始到所有人，都要进行自我革新、持续革新。"北新建材形成了"比、学、赶、帮、超"文化，只要干出业绩，就会获得足够发展机会，因此，年轻干部快速成长，企业拥有了良性管理人才梯队。每年，北新建材都要发布"北新英雄榜"，其中设有"最佳品牌建设奖"。明确的价值导向引导每位员工都将品牌放在心上并体现在日常工作中。

相比制造业，对于中升集团这类服务企业来说，品牌文化具有更加重要的意义。因为顾客高度参与服务过程，与员工频繁交互。作为服务提供者的员工，包括一线员工、支持部门员工、管理层都在服务的生产、传递中起到重要作用，服务过程中每个人的每个细微行为，都会影响顾客对品牌的感知。在日常经营中形成的品牌文化，换句话说，融入了对品牌核心价值不懈追求的企业文化才是最坚实的。以中升集团为例，员工凭借服务赢得顾客的信任和忠诚。对于合作的汽车厂商，中升集团拿下好几个品牌在中国汽车经销店中的销售冠军。其他一些汽车经销店，整天想着降价、抢客户，团队疲于奔命，员工的成就感自然很差，流失率随之提高。基于终生伙伴的优秀业绩，作为信号传递给员工的是自信和精神力量，员工的使命感和自豪感油然而生。

在激发员工激情和工作潜能方面，乔布斯很有办法。乔布斯招募成员的首要标准就是对产品有激情。有时他会将应聘者带入一个房间，里面有一台被布盖住的苹果样机，乔布斯像变戏法一样将布揭开，自己则仔细观察对方的反应。如果应聘者两眼放光，立刻拿起鼠标去操作电脑，乔布斯很可能会微笑着雇用他们。

乔布斯还非常善于向员工灌输品牌核心价值。乔布斯曾向 Mac 电脑操作系统的工程师拉里·凯尼恩抱怨开机时间过长，可是对方并不以为然，因为即使缩短 10 秒也没有什么明显的感受。乔布斯立刻算了一笔账，如果有 500 万人使用 Mac 电脑，每天开机多用 10 秒，加起来每年浪费时间超过 3 亿分钟，相当于至少 100 个人的终身寿命。然后，乔布斯问拉里·凯尼恩："如果能救人一命的话，你想让启动时间缩短 10 秒钟吗？"这番话让拉里·凯尼恩非常震惊。几周后，Mac 电脑的启动时间竟然缩短了 28 秒！看到更宏观的层面，从而激励员工理解并为品牌核心价值工作，是优秀的企业领导者应该具备的素质。

有激情、能力强的员工能否相互合作是很多企业遇到的难题。虽然乔布斯本人天性独断专行，但他却着力在苹果公司内部营造合作文化。因为他坚信，苹果公司的优势之一就是整合各类资源，从设计、硬件、软件，到内容。因此他希望公司所有部门能够并行及深度合作。产品的开发过程不像流水线一样先从工程到设计，再到营销，最后分销。相反，这些部门同时进行工作。在频繁召开的会议上，乔布斯让所有参会者一起讨论问题，利用各方优势，听取不同部门的观点。"我们的方针是开发高度整合的产品，这也意味着我们的生产过程必须是通过整合与协作完成的"。招聘重要岗位员工时，应聘者不仅要会见应聘部门的部门经理，还要会见公司主要负责人，及其他将来会发生协作部门的人员。

规范品牌接触点的行为

每位员工都应该成为企业的品牌使者。过去强调与顾客直接接触的前线员工要理解品牌核心价值。在当今社交媒体和信息透明的时代,所有的员工都或多或少代表着品牌。员工与顾客的每一次互动都在增强或者破坏品牌,他们以企业员工身份与利益相关者接触时,也会间接影响品牌形象。所以,企业要有意识、有方法将所有员工培养为品牌使者。

除了上文提及的要培养品牌文化激发员工激情外,企业还要规定员工在公开场合的行为和言论。**首先,要制定明确规则**。告知员工不能做哪些事不能说什么话,尤其是告知在社交媒体发言的禁忌,不可以发布任何有悖于公司品牌核心价值的内容。**其次,可以做品牌使者培训**。让员工理解自己在日常生活中宣传品牌的重要性,要让员工有动力主动去做,还要培养一些技能或提供一些工具,让员工很方便地宣传品牌。**再次,制定社交媒体政策**。鼓励员工在自愿的前提下在个人社交媒体上发表有温度、有人情味的能够引起受众共鸣的品牌信息,如公司日常运行细节,员工工作、娱乐和培训的场景,社会责任活动等,展现对待顾客的态度和工作的活力。公司可以建立一个内容库,方便员工将编辑好的内容直接转发分享到他们的社交媒体账号。这里需要注意的是,尽量不要规定所有员工必须同时发布一致的内容,鼓励员工根据特定的品牌信息进行一些个性化的创作,更容易激发参与感,同时使受众感到亲切并引发二次转发。**最后,企业要对主动担当品牌使者并且有持续良好表现的员工进行奖励,启发更多员工充当品牌使者的意识**。需要重点提醒的是,企业的最高管理层使用个人社交媒体谈及企业事务时要格外谨慎。尤其在遭遇企业或行业热点事件时，应该由公司的官方发言人或公关人员统一对外传播信息，否则很容易被误读，对品牌造成不良影响。

除了员工，现有顾客，尤其是品牌的"铁粉"也会愿意为品牌做宣传。企业可以有限度使用推荐奖励计划，鼓励顾客把对品牌的感受说出来。同时，企业也要有意识地准备一些容易激发现有顾客分享的话题和内容，为顾客分享品牌信息提供便利。这样做不仅可以让现有顾客对潜在顾客产生有效影响，而且还会强化现有顾客对品牌的忠诚。

快速发展的信息经济改变着商业的游戏规则，企业不仅是在产业链相互竞争的具体业务，更是需要获取各种资源的、商业和社会属性兼具的系统。在此背景下，将关注点从顾客延展到利益相关者成为企业现实的战略选择。埃森哲战略咨询公司的一项研究指出，与利益相关者建立信任正日益成为企业的竞争优势。品牌是企业满足及协调各类利益相关者不同需求的有力工具，利益相关者的相互影响也可以促进品牌的培育。所以，企业要形成利益相关者视角的品牌观。

如果您所在的企业正在思考如何借力利益相关者培育品牌，请尝试为以下问题找到答案：针对顾客、上下游合作伙伴、政府、公众、投资者等外部利益相关者，如何为品牌的创建和成长营造良好的环境？如何平衡各类利益相关者的不同需求？针对员工这一重要的内部利益相关者，如何培育有凝聚力的品牌文化，让员工成为品牌的忠实粉丝和使者？

第七章

保持品牌成长与创新

"要持续努力将六神花露水打造成顾客在夏天的必需品,而不是选择之一,这样才是真正的成功。"

——上海家化六神品牌管理团队

企业在目标顾客心智中种下品牌树后，需要持续精心养护，保持其健康生长。在实践中，创立品牌不容易，保持品牌成长和创新更难，品牌老化和贬值是很多曾经成功创建品牌的企业的心头之痛。而且，蛀蚀品牌的因素无处不在：由于顾客审美疲劳造成沟通乏力，由于顾客代际转换导致主流客群切换，由于竞争者相互模仿造成曾经的创新变成现在的入门门槛……因此，创建品牌只是万里长征第一步，能否持续培育品牌使品牌不断成长则是对品牌管理者更大的考验。

本章分析如何保持品牌的成长和创新，即养护品牌树。也就是说，如何围绕品牌核心价值不断丰富品牌感知，防止顾客出现审美疲劳？如何防止竞争对手模仿对品牌核心价值的侵蚀，让品牌的差别优势保持显著？如何提升所属品类的影响力？

六神：夏天从未离开

六神花露水是上海家化股份有限公司㊀的当家产品，从1990年诞生起就成为众多中国人夏天的必需品，在花露水市场独占鳌头。六神品牌始终坚持立足中医中草药文化，并与现代科技结合进行品类延伸，开发了花露水、沐浴露、香皂、洗手液、宝宝系列、随身系列在内的各类个人护理产品。凭借花露水和沐浴露的有力双翼，六神品牌跻身中国知名日化品牌之列。

㊀ 公司官网 https://www.jahwa.com.cn/liushen，以下简称"上海家化"。

一招鲜,吃遍天

在 30 年发展中,六神品牌经历了中国经济的高速增长及消费行为的巨大变迁,也经历了外资日化品牌大举进入中国市场的冲击。历经多次起伏和困境,六神从未停止品牌创新的思考和努力。

六神花露水是传统中医中草药文化和现代科技结合的产物。1989 年,上海家化研发人员敏感地观察到痱热燥痒是夏季主要皮肤问题,他们从薄荷、麝香、黄柏、冰片等六味天然植物中草药萃取"六神原液",辅以食用酒精等成分,添加到花露水中,有驱蚊止痒、消毒除菌功效。1990 年,第一瓶六神花露水上市,以"祛痱止痒、提神醒脑"为产品诉求,非常适合夏天使用。

清晰适用的产品功效成为"一招鲜",六神花露水迅速赢得全国 70% 以上市场份额,并以每年两位数的增速增长。那时候的上海及周边的江南地区竟然形成了一个习俗,姑娘结婚会带上几瓶六神花露水做嫁妆,六神成了时尚的象征。

1995 年,上海家化将六神品牌延伸到沐浴露,继续突出清凉、祛痱止痒特性,同时加入"全家共享""传统中医理论"和"关注夏季"等品牌核心理念,在外资品牌逐渐兴起、强手如林的沐浴露市场闯出了一片天地。

此时,花露水市场竞争形势发生变化。一些国内企业争相模仿六神推出类似产品,一时间,"七神""八仙"等从产品功能、包装外形模仿六神的产品充斥市场,花露水这一日化行业中原本小之又小的细分市场挤满了竞争者。

刚有起色的沐浴露市场也不乐观。先入者宝洁、联合利华等全球品牌曾一度很放松，觉得市场大，彼此之间心照不宣慢慢开拓市场。当发现一家中国企业逐渐占据优势后，它们纷纷将矛头指向六神沐浴露，不约而同提高了新品开发速度，加大了广告投放力度。

上海家化自身也出现巨大变动。2001 年，上海家化上市，迫于提升股东回报的压力，逐渐削减营销推广投入。六神花露水象征时尚的光环逐渐暗淡，给了国内低价模仿者抢夺市场的机会。到 2004 年，六神花露水份额已由之前的 70% 下降至不到 50%。更重要的是由于缺乏新品，老产品在产品外观、功效方面与跟随者非常雷同，缺乏显著差异性，曾经的一招鲜"祛痱止痒、提神醒脑"早已成为市面上几乎所有花露水普遍具备的基本功能。

沐浴露市场上，主张个性、时尚潮流和满足细分需求逐渐成为产品取胜的新"航标"，六神沐浴露一直坚持的"全家共享"和"传统中医理论"等理念逐渐失去吸引力。六神依靠产品功能"一招鲜"打天下的策略失灵，品牌渐显老态。

难道已经遭遇中年危机了吗？2003 年，上海家化请来英国品牌咨询公司 Interbrand 为六神把脉诊断。在外脑帮助下，六神管理团队认识到，六神品牌的"夏季"特征是六神区别于其他个人护理品牌的特点，同时也限制了六神向其他细分市场拓展的可能性。但他们更清楚，在日化这个同质化相当严重的市场，只有具有产品特性和品牌个性的品牌才能成功。六神决定坚守"夏季"特征，并研究在原有品牌核心价值基础上可能的延伸方向。

通过对大量顾客夏季生活真实场景的深入研究，六神管理团队发现，夏季需要被满足的肌肤需求远不止"清凉""祛痱""止痒"，还有舒爽、止汗，甚至美白、防晒、除菌等。这些需求在生理和心理层面上可以归结为"问题解决后的舒爽和清新体验"。因此六神的品牌核心价值可以扩展为"清新体验"而不只是"清凉"。同时,"全家共享"和"传统中医理论"等仍有价值,只是过去几年在沟通中疏于传播,使其失去吸引力并逐渐被遗忘。

无论沐浴露还是花露水,过去这几年六神多数精力用于应付竞争对手的攻击,没有根据消费需求的变化丰富品牌核心价值,造成顾客的审美疲劳。六神品牌生命力只是暂时受到压抑。分析清楚问题后,六神管理团队重拾信心。

当中年危机真的来临

坚定信心后,六神在研发、渠道拓展和广告沟通等方面全面发力。对目标顾客的设定,六神坚持大众消费群路线,以城镇女性为主,年龄 22~45 岁,具有初中及以上受教育程度,收入中等,多数来自社会一般劳动者及初中级管理者阶层。

六神推出耗时一年开发的喷雾型花露水新品,同时加大广告投入,在中央电视台投入 5000 万元,在一些重点地方电视台补充了数千万广告费。为了重新恢复时尚感,六神邀请斯琴高娃和李冰冰拍摄广告,后来又邀请蒋勤勤一家加入。六神的广告既有家的温馨,也传达了时尚消费信号。

这一阶段,六神将 80% 以上广告费分配于电视媒体,尤其是中央电视台和各重点区域地方电视台。这一举措帮助六神撬开了当时以电视为主要信息接收渠道的农村市场的大门。

后来,电视媒体广告价格快速上升,网络等新媒体不断出现,六神品牌管理团队逐渐调整了品牌传播的方式。在品牌渗透率较高区域,如上海和江浙,六神尝试投入部分户外广告,如广告牌或车亭广告,同时加大网络传播,如在官方网站上介绍产品相关知识。

随着品牌传播的深入,配合产品研发和渠道拓展等工作,六神品牌顾客超过1亿。"六神有主,全家无忧"等广告语为顾客熟知,六神花露水和沐浴露成为众多顾客夏天的必需品。六神品牌销售收入中,花露水和沐浴露约各占一半,成为上海家化的主打产品和现金牛业务。

六神花露水重返花露水市场领导者地位,一直以约70%的市场份额独占鳌头,紧随其后的隆力奇集团的蛇胆系列和南京保健品厂的宝宝金水系列各占6%左右。三个国有品牌垄断了花露水市场约83%的份额,日化行业的跨国巨头均未进入这一市场。在几乎全部为外资或合资品牌占领的日化产品领域,中国品牌的花露水闯出一片蓝天。

然而,成绩总是伴生新的问题。2009～2011年,花露水全行业销量分别为1.54万吨、1.64万吨和1.64万吨,2010年和2011年的增长率分别为6.49%和0,市场整体需求面临增速下降趋势。作为行业领头羊,六神虽然保持超越行业的增速,但市场整体发展已对六神未来成长形成制约。与此同时,隆力奇以蛇胆作为主要卖点,宝宝金水以适宜婴幼儿使用为切入点,正在蚕食六神花露水的市场份额。

莫非这一次中年危机真的到来了吗?六神管理团队进行深入市场研究和分析后发现,花露水的市场渗透率大约为43%,远远低于其他日化品类产品。一方面,现有消费群老化,80后、90后逐渐成为消费主力。对于年轻一代来说,尽管对六神怀有丰富回忆,但会觉得六神花露水是老一代的产品,比较"土"。另一方面,以电视和报纸为主的传统媒体在品牌形象传播中越来越乏力,费用却大幅度提升。基于互联网的新兴媒体似乎正在成为不错的新选择，但其运行方式与传统媒体太不相同，企业还需要接纳和熟悉。

问题清晰了，解决起来却千头万绪。如何使六神品牌重焕青春？如何吸引年轻顾客，提升花露水的市场渗透率？在"清新体验"的品牌核心价值外，六神品牌需要增添哪些年轻时尚元素？在媒体格局发生剧变的今天，如何借力社交新媒体强化沟通效率？

唤醒品牌记忆

与以往遇到问题时的处理方式一样，六神管理团队将目光聚焦到新的目标顾客群——18～35岁的年轻人身上。认真分析新一代年轻人的生活方式、使用习惯及产品诉求后，他们找到了突破口。80后、90后群体在童年或多或少接触过六神花露水，拥有与花露水相关的童年回忆，而且他们对经典、国货、民族品牌怀有深厚的感情。因此，六神品牌准备借用花露水的历史故事，从引领年轻顾客的回忆入手开展行动。

更重要的是，要使六神花露水重振市场，一定要研发年轻人喜欢的产品。在产品功能方面，六神继续对草本配方和中药文化进行深入研究，在产品设计上采用新思路，如增加产品品类，包括配方的香型、时尚的包装、小巧便携的产品形态。同时在产品用途上，引导顾客在洗衣服、擦凉席等更多场合使用花露水。六神管理团队认为，"要将六神花露水打造成人们夏天的必需品，而不是选择之一"。

有了清晰的战略，六神管理团队决定以社交媒体作为传播媒介，向年轻人充分沟通六神的品牌特征。他们将品牌传播核心主题确定为"爱上夏天"，并根据这一主题规划了一系列营销传播活动。

2012年4月，六神播出视频短片"一个关于艾的故事"预热网络，没想到竟然获得超过600万的点击量。紧接着，6月，"爱上夏天"音乐MV也大获好评。真正点燃热度的是6月29日六神官方微博和各大视频网站同时发布的视频短片"花露水的前世今生"。不到一个月，这个视频短片获得超过30万次转发评论，可统计的累计点击次数超过1800万，有效评论超过30%，其中95%以上为正面评价。

视频采用时尚风格和年轻化语言，以传播品牌文化为主线，表现出六神"传统而时尚，大众化而有所突破"的形象。六神管理人员解释说："知识性和趣味性并重是这个片子的最大特点。观者不仅可以了解花露水的名称由来，以及花露水由香水这类时尚奢侈品到大众商品的百年演变史，还能获悉六神产品功能的基础。其中，有趣非常重要。用有趣的方式表达充满知识性、趣味性的内容，顾客看后才会转发。"12月，六神又推出视频短片"夏天从未离开"，帮助顾客回忆有六神花露水陪伴的夏天。

"花露水的前世今生"系列品牌传播活动开展后，六神花露水的销量同比增长8%左右，远超行业平均2%的增长水平。其中，随身系列同比增长80%，宝宝系列同比增长50%。

守得住经典，当得了网红

随后的几年，六神抓住产品和沟通两条主线，持续在年轻化和数字媒体传播发力。其产品紧密结合年轻顾客的需求，从夏日生活场景中挖掘新机会，推出新产品，如汉方沐浴露、无硅油健康洗发水、基础系列洗手液、中草药除菌健肤甘草系列沐浴露等新品。2019年，上海家化全面升级六神清凉沐浴露，采用多种天然清凉成分触发不同程度的清凉感。同时推出首款不含化学抑汗剂的功能性花露水——六神净爽活力花露水，以草本天然成分解决汗味问题，让顾客在运动和社交中感受全新的夏季净爽活力。

品牌沟通方面更是大胆尝试突破，玩起跨界、IP、新零售等新方式。2016年以"六神在手，一夏无忧"为主题，整合投放资源，同时在央视、地方卫视和网络电视进行持续投放，与热门综艺节目IP《奔跑吧兄弟》（第四季）在腾讯平台进行深度内容合作，还对暑期档热播电视剧《致青春》和《神犬小七2》进行深度植入，进一步加速品牌年轻化进程。

2017年，六神签约品牌代言人华晨宇，以"高颜值、低调香，我的花样夏天"为主题，推出嗨夏限量版花露水，开启以娱乐为工具，与泛90后年轻人的互动。

2018年，六神推出"六神随行，让夏天更带感"系列主题活动。除了量身定制广告主题曲"夏之旅"外，还让华晨宇在MV中带着小伙伴进行了一次夏日之旅，配合旅行场景展现"让夏天更带感"。同时在全网掀起"带感浪一夏"话题，其中最轰动的是"带感浪滋味"，六神与RIO合作推出六神花露水风味鸡尾酒，被网友们戏称当红"网绿"产品（因为六神花露水和RIO饮料都是绿色）。六神抖音"带感浪一夏"获得1600万点赞。

2019年，六神借国潮、国货助阵，强化品牌年轻化战略。它与Heart Panda合作，联合知名艺术家，推出限量概念包装礼盒和周边产品，用"国宝潮我看，有爱更可爱"活动唤醒年轻消费群对国货的回忆。同时配合六神清凉沐浴露和六神净爽活力花露水上市，推出"六神这夏起风了"系列宣传活动。其中，通过华晨宇微博发布六神电视广告片，播放量接近千万，微博互动量突破 200 万。

从 1991 年至今，走过经济、科技、社会方方面面剧变的 30 年，能够重现青春活力，对于一个日化类消费品牌着实不容易。六神品牌管理团队不断丰富和延展六神的品牌核心价值，并将其高度融入年轻顾客的真实生活场景，通过创造与产品属性及品牌个性相关联的难以忘怀的体验，激发目标顾客的品牌共鸣。六神品牌不只是战胜了中年危机，准确地说应该是重获新生，成功地注入了时尚和年轻元素。同时，更重要的是，六神吸引了越来越多年轻顾客关注花露水这个品类，这具有比短期销量上升更为深远的意义。

在技术发展、竞争者相互学习，以及顾客需求不断演变的情况下，任何一个品牌都不会永葆青春。因此，**企业必须在品牌管理决策中纳入品牌持续成长和创新管理的课题**。首先，如何不断丰富顾客品牌感知，防止因审美疲劳带来的品牌老化？需要深度理解目标顾客的需求，尤其是那些连顾客自己都尚未明确的潜在需求，将其挖掘出来转化成清晰的产品和服务属性，并恰当地沟通传递给顾客。其次，如何防止竞争对手模仿降低品牌核心价值的差异性？需要审视竞争对手的策略，不断夯实核心竞争优势。最后，如何在培育自身品牌的同时建立品类的影响力？这一点对于头部企业尤为重要，企业需要洞察该品类产品为顾客带来的利益及顾客的购买动机，做着品牌的事，操着品类的心。具体地，我们来思考以下两个问题：

第一，如何围绕品牌核心价值不断丰富顾客的品牌感知，防止目标顾客出现审美疲劳，并规避同质化竞争对品牌核心价值的侵蚀？

第二，如何提升所属品类的影响力？

持续生长：丰富品牌感知

围绕品牌核心价值丰富顾客的品牌感知，持续深化顾客对品牌的认知深度，延展顾客对品牌的感知范围，并提升品牌核心价值的可见度和可感知度。

延展和深化顾客品牌感知

顾客需求时刻处于发展演化中，潜在需求不断被企业挖掘、创造出来，并被沟通、传递给顾客转变为现实需求。在此过程中，能够不断拓宽和加深品牌与顾客需求之间连接的产品或企业，即是在持续扩展品牌在顾客增长的心智中的地盘。企业成功创建品牌表明在当前时点企业已经识别并满足了目标顾客的部分需求，如何围绕品牌核心价值深入挖掘顾客的潜在需求，进而丰富顾客的品牌感知，强化其对品牌核心价值的进一步理解，是保持品牌持续成长的重要课题。

第一步，努力拓宽品牌感知的维度。站在顾客视角，从顾客使用产品或服务的具体场景出发，深入理解顾客需求，尤其是顾客自己也不明晰的潜在需求，将这些需求明确表达出来。第二步，思考本企业产品或服务能够满足哪些潜在需求，以及如何满足，将顾客的潜在需求转化为品牌能够为顾客带来的真实利益。以此为基础，将产品属性及为顾客带来的利益沟通和传递给顾客。在这个过程中，不断丰富顾客的品牌感知，延展深化顾客的品牌感知范围和深度，并强化顾客与品牌之间关系。

从品牌树的角度看，这是品牌树生长的过程。地下不断长出新的根系，与土壤紧密结合汲取营养。地上则围绕品牌树的主干，不断长出新的枝干。枝干的生长要遵循主干的逻辑，同时兼顾理性和感性，还要考虑大小枝干的先后顺序和彼此间的条理性。枝干越来越丰满，主干就会越来越健康。随着品牌树的自然生长，简洁抽象的品牌核心价值，逐渐被详细丰富的品牌理性和感性联想诠释出来。

以六神花露水为例，诞生之初凭借祛痱止痒这一鲜明的产品属性，形成单一理性品牌联想，成功创造出花露水细分市场并成为领导品牌。随着顾客对产品的熟悉和竞争对手的模仿，祛痱止痒对顾客的吸引力减退，六神将品牌核心价值扩展为"夏天的感受"，并将其细分为祛痱止痒、美白、止汗、清凉等多种利益，形成丰富的理性品牌联想，继续引领花露水市场。2011年，六神花露水再次面临销售增长放缓和品牌老化问题，因为此时目标顾客群已经发生代际转换，新一代年轻顾客不仅仅关注产品属性这些理性联想，更注重感性联想。六神通过"花露水的前世今生"等迅速蹿红网络的视频，重新打造六神文艺小清新的时尚形象，补充了品牌的感性联想，迎合了年轻顾客群体的心理需求，提升了花露水产品的整体市场渗透率。随后几年，六神紧紧围绕年轻顾客的夏日生活场景挖掘需求，在新产品开发和社交媒体沟通上持续发力，不断丰富六神品牌的理性联想和感性联想，提升顾客的品牌共鸣。

六神品牌的成长历程，呈现出清晰的路径：从单一的品牌理性联想（祛痱止痒）开始，发展到多维的理性联想（夏天的感受），然后再从理性联想延展到感性联想（花露水的前世今生），进而发展到多维理性联想和感性联想融合，激发品牌共鸣（六神随行，夏天更带感）。

与六神相似，农夫山泉也存在清晰的品牌成长路径：从清晰的理性联想出发（来自水源地的弱碱性天然水），补充富有社会责任感的感性联想（关注水源地、一分钱公益活动），进而通过产品创新不断强化和丰富理性联想（对水质的不懈追求）及感性联想（充满美感的插画瓶）。与网易云音乐合作推出"乐瓶"及与中国银联合作推出"大山诗歌瓶"则意在激发顾客的品牌共鸣。荣威550是先通过感性联想（科技时尚）惊艳上市，吸引了目标顾客关注后，再通过试驾、车友会活动等建立现有顾客对荣威550的理性联想（安全、百公里油耗等）。

这些品牌的成长过程充分展示，企业需要不断拓宽顾客品牌感知的维度，深化顾客对品牌核心价值认知的深度和范围，顾客才不容易产生审美疲劳。从更深层的意义上讲，当顾客的现实需求大多已被满足，企业的成功更多仰赖挖掘和实现顾客的潜在需求，企业需要将经营指导思想从满足顾客调整到创造顾客，沿着顾客的潜在需求深入挖掘思考，引领顾客前行。

现实中企业应对竞争或承受业绩压力时，可能会采取一些短期的，对销量提升有效的策略，如降价促销等。此时，企业需要冷静思考，当下的策略是在增加顾客的品牌感知，还是在降低顾客的思考维度，并减少或切断顾客与品牌的关联，后者很可能在后续的经营中引发品牌老化。

提升品牌价值的可见度

在不断丰富品牌联想的过程中，企业需要注意提升品牌核心价值的可见度和可感知度。企业可以从以下三方面努力。第一，以顾客需求为本，深入顾客的使用场景才能产生好的产品及沟通创意，使顾客能够轻松感知品牌的核心价值，从而产生品牌共鸣。第二，寻找"痛点场景或最急迫的顾客"充分展示品牌联想，让潜在顾客能够直观明确感知品牌的核心价值。第三，其实这是最重要的一点，企业在进行产品或沟通创新的时候一定要聚焦，紧紧围绕品牌核心价值发展品牌联想，保证每项品牌联想都在为品牌核心价值提供证明和依据。即围绕品牌树主干发展合适的枝干，而不是跟着竞争对手或所谓的热点跑。企业的专注使顾客感知到的品牌联想是一致、有内在逻辑的，不容易产生认知混淆。

以我们在第三章中提到的锦湖日丽为例。该公司决定聚焦PC/ABS、ABS领域，以技术领先为品牌核心价值。他们通过加大技术投入提升技术水平，用了几年时间与主要竞争对手拉开了差距后，将思考的重点放在如何清晰展现技术优势。他们选择汽车行业作为突破口，因为汽车客户最在乎并最能明确体现锦湖日丽的技术优势与对手的差别。先是高电镀结合力的PC/ABS通过了通用汽车的专门验证，技术指标上发现锦湖日丽产品电镀结合力提高一倍，改性率提高20%。通用汽车决定在全球范围内使用锦湖日丽产品是其技术领先的最好证据。另外，在竞争对手仅强调塑料的强度和外观时，锦湖日丽注意到减少塑料的气味对汽车行业非常重要，因为很多顾客购车后抱怨车内气味太大。于是，锦湖日丽通过研发将塑料的气味散发降低了60%左右，获得沃尔沃等高端汽车厂商的认可。

因此，让目标顾客清晰感知到产品的属性，从而接纳并信任品牌的核心价值对于品牌的成功至关重要。很多企业只想着如何将产品做好，或者采用有创意的沟通获得更大范围传播，却很少思考顾客能否真正感知到产品的好，并认同品牌沟通中传递的价值。这是很多品牌逐渐失去顾客的重要原因。

让竞争者的模仿成为品牌更优秀的证明

企业培育品牌的过程难免遭遇竞争对手模仿，尤其是当企业某项产品或沟通方面的创新获得市场的认可时，更容易引发竞争企业纷纷效仿。麻烦的是，顾客很多时候无法分辨究竟哪家企业做得最早或最好。于是，昨天的创新成为今天的入门条件，竞争的蛀蚀是很多品牌陷入老化的原因。

企业可以从以下三方面构筑品牌护城河。**第一，基于品牌核心价值识别企业的核心竞争能力和关键资源**，保证在任何时候都要持续投入保持其专有性。如农夫山泉的核心能力是营销沟通，关键资源是天然水源地，这是其他企业很难在短时间内获得的，对于农夫山泉建立和保持品牌地位至关重要。

第二，坚守，不可一日曝十日寒。品牌的培育是长期过程，各项营销策略要围绕品牌核心价值持续展开，这样才能积累经验不断迭代，始终保持与目标顾客之间的强连接。如农夫山泉的"一分钱工程"坚持了至少 5 年，活动主题始终关注水源地儿童教育，给顾客留下了极其深刻的印象，潜移默化中认可了农夫山泉是负责任、充满爱心的企业，从而强化了对天然水的认同感。此间，遭遇竞争对手模仿也没关系，因为竞争对手的模仿往往是缺乏章法的，今天模仿你，明天模仿他。在顾客眼中，企业的坚守刚好在这些浮躁对手的模仿中显示出价值。

第三，持续创新。抵抗模仿的最有力武器就是不断创新，而且是基于目标顾客潜在需求和品牌核心价值、方向清晰的创新。中升集团有一句话"永远被模仿，从未被超越"，阐明的就是这个道理。企业通过创新不断挖掘顾客的潜在需求，引领行业的发展方向，必然得到顾客的尊重，获得行业的制高点地位，成为品类代表。如北新建材，循着人类对绿色建筑的需求，不断创新技术、标准和产品，引领新型建材行业的发展。

我们再来看看荣威。2020 年 5 月 10 日，中国国家品牌日，荣威同时发布两个全新车标：一个是经过重新设计，由英伦风变为银色科技风的新狮标，另一个是横空出世的全新 R 标，分别对应传统燃油车和中高端新能源车两个产品大类。搭载新狮标的首款车型荣威 RX5 PLUS 采用全新"数字律动"设计理念，搭载智能互联系统，仅 1 小时就斩获了 1231 辆新车的订单。近 10 年来，荣威一直将开发新能源汽车作为关键战略，此次发布全新 R 标，彰显了荣威致力于发展新能源汽车的决心和实力。荣威的新能源汽车不仅会采用"可充、可换、可升级"的全新电池架构，及全新集智设计理念、整舱交互、5G 技术、L3 级自动驾驶等新理念和新技术，更值得期待的是，持有双标的荣威在顾客需求日益碎片化的市场，创造了更多激发目标顾客产生品牌共鸣的机会。以顾客的潜在需求为方向，坚实地走出自己的路，永远走在行业的前沿，这样的企业和品牌一定会让人心生尊重。

在开放的市场中，保持品牌核心价值的专属性几乎不可能。企业一旦成功建立品牌，势必有模仿者跟进。企业只能通过将自己做稳夯实才能阻隔竞争，这就是品牌的力量所在。

延展：从品牌到品类

企业要与竞争对手一起清晰定义品类，维护行业良性发展，提高市场渗透率、开发新产品和开拓新市场将品类做大。

从现有顾客角度着想

顾客往往先决定所需要的品类，然后才会决定选择品类中的哪个品牌。顾客是"用品类思考，用品牌表达"的，品牌的力量来自品类，品类的前景取决于品牌的各项策略质量。因此，企业在做好自身品牌的同时，还要关注所在品类的发展，要努力扩大所在品类的声誉和市场容量，尤其是品类的领导品牌，更需要"做品牌的事，操品类的心"。

提升品类影响首先要对现有顾客下功夫。认真做好品牌培养粉丝其实就是为品类做贡献。企业不断丰富现有顾客的品牌联想，提高现有顾客的心理份额和情感份额。品牌拥有很多忠诚粉丝时，这些粉丝会对潜在顾客产生积极的示范作用，扩大品牌影响力的同时，增加对品类的购买。顾客像同心圆，从内核的"死党"一层一层向外延展，忠诚顾客的影响会吸引更多有相似需求的潜在顾客购买。如果每个品牌都不断培养忠诚粉丝，品类的市场渗透率自然会提升。

其次，为现有顾客开发更多新产品。不断挖掘现有顾客的需求，围绕品牌核心价值进行品牌延伸，如开发系列新产品，满足顾客在该品类下更多的需求，从而激发更多购买，扩大品牌影响力的同时提升了品类对顾客的影响力。

如六神始终坚持对草本配方和中药文化进行深入研究，研发了更多满足顾客需求的产品，包括适用于年轻人社交和运动场合的不含化学抑汗剂的功能性花露水，适合儿童使用的宝宝系列花露水，不断提升花露水产品在不同顾客群的渗透率及现有顾客的使用量。而且，从花露水延伸到沐浴露及后来的洗手液，六神品牌已经从细分市场跨越到更多主流大市场，各品类均围绕六神的品牌核心价值"夏天、清凉、草本"开发,在主流大市场表现好会进一步反哺原始的花露水市场。六神采用的策略包括提高市场渗透率、开发新产品、开拓新的细分市场做大花露水品类,及将品牌延伸至沐浴露、洗手液等市场开拓新品类,各品类之间相互协同,共同提升了六神品牌的整体市场影响力。

农夫山泉、网易有道均采用了相似的战略,在原品类市场,一边通过扎实过硬的产品和服务不断夯实自己的市场领导者地位,一边吸引更多目标顾客进入市场扩大原品类市场;此外,通过品牌延伸进入新品类市场,从品牌树发展为品牌林,乃至品牌生态圈,不断提升品牌在整个市场的影响力。

提升品类影响力

品类代表了一类需求,当品类中的企业都将满足这种新需求的品类信息准确传播给顾客时,有此类需求的顾客的购买欲望就被激发起来了,产生对品类的兴趣并思考购买哪个品牌。当购买力可以保障特定需求时,购买行为发生,这样的顾客被激发得越充分,新品类所形成的市场越大。

因此,企业要清晰简明定义品类为顾客带来的利益,让面临信息过剩的顾客简化思考。如农夫山泉用一句广告语"农夫山泉有点甜"告知顾客为什么要喝天然水,将其与纯净水区别开来,吸引相信天然水更健康的顾客。加多宝用"怕上火"来说明凉茶的属性也是成功定义品类利益的例子。

同时,要正确对待竞争,采取合作包容的态度。积极倡导和维护健康的行业环境,培养顾客对品类正确的认知。为了企业自身一时的利益挑起恶性竞争,虽然有时可能会在短时间内获得业绩上升,但如果有损行业声誉，就会削弱顾客对品类的好感，最终得不偿失。

几乎所有品牌在发展过程中都会遭遇顾客审美疲劳，及竞争企业相互模仿造成的品牌老化和品牌贬值问题。因此，在规划品牌的那一刻，如何保持品牌持续成长和创新的问题就同时出现了。如果等到品牌影响力下降、或销量下滑的时候再想补救的办法，往往已经为时已晚。

如果您所在企业的品牌正在经历，或将来会面临品牌老化问题，请思考如何养护品牌树使其获得不断成长的生命力？如何围绕品牌核心价值丰富和深化顾客的品牌感知？如何让品牌核心价值被顾客清晰感知？如何抵御竞争对手模仿造成的品牌价值蚀蚀？站在所属品类的视角，如何强化现有顾客对品类的忠诚？如何提升潜在顾客对品类的兴趣？

第八章
建设品牌生态

"未来分工将更加细化,自如期待与投资商、开发商、运营商、服务配套商等参与方专业协作,共同为社会持续创造更多价值。"

——熊林(自如 CEO)

快速发展的市场中，随着需求变化不断夯实原有业务及品牌固然重要。但更重要的是，如何识别和抓住市场发展伴生的新机会开发新产品或服务，跟随市场发展的洪流乘势而起，并在原有业务和新业务之间形成合力，否则极有可能面临虚假增长。即企业虽然看似增长，但落后于市场的增长速度或被涌现的新机会催生的竞争超越而落后。因此，很多企业陷入两难境地：不进入新领域面临错失机会的风险，进入新领域则又面临看错机会的风险。

本章讨论品牌如何把握新机会，培育品牌林和建设品牌生态。那么，如何围绕现有顾客需求识别有价值的新机会发展品牌组合，获得业务多元化的红利并规避风险？如何借助忠诚顾客的力量遴选价值链合作伙伴构建品牌生态，并取得品牌生态的主导权？由品牌树发展为品牌林及品牌生态，是不断夯实品牌竞争优势必然面对的课题。在此过程中，企业要实现产品/业务层面品牌决策与企业层面品牌决策的贯通融合。

自如：创造高品质租住生活

2011年的一个秋日，熊林坐在北京一家麦当劳店里，这位性格坚毅的年轻人在纸上写下"自如"两个字。他希望打造满足年轻人租房需求的产品和服务，让他们的租房和生活能更加自如。

9年后，名为"自如"的公司如熊林所愿，成长为提供品质居住产品与生活服务的科技公司㊀。不仅如此，自如开创了长租公寓这一新行业，并成为该行业的领跑者和独角兽。旗下拥有自如友家、自如

㊀ 公司官网 www.ziroom.com/。

整租、业主直租、自如豪宅、自如寓、自如驿等产品，并提供保洁、搬家、维修等与租住生活相关的服务。业务范围已覆盖北京、上海、广州、深圳、杭州、成都、南京、天津、武汉 9 座城市，服务近 50 万业主、300 万租客。

需求是创业最好的出发点

本科计算机专业出身的熊林一直对管理感兴趣，他从清华大学 MBA 毕业后加入 IBM 全球业务服务部做起了咨询。2009 年，熊林为链家地产公司做咨询顾问时发现，北京、上海、深圳等一线城市，越来越多年轻人需要租房，而原有的租房供应体系却面临巨大挑战。矛盾主要表现在居住供应、产品匹配、租房品质和租住相关服务等方面，均不能满足都市青年对租住生活质量的爆发需求。熊林认为，这些迫切需要解决的问题恰恰为提供住房租赁服务的企业提供了价值创新的可能。

以北京为例，想租房的年轻人很难找到符合需求的房源。从房屋硬件配套到后期服务，这是一个完全随机的行业，几乎没有任何标准可言，而且房源信息混乱，甚至真假难辨。业主提供什么样的房子，中介和租房人只能被动接受。中介公司仅负责协助办理一些牵线搭桥手续，租客对房屋品质、配置及服务等方面的需求无人理会。租房常常被视为"毫无品质可言的被迫选择"，房屋品质差、安全无保障、无端克扣押金、同住租客素质差等租房体验经常让租客叫苦不迭。

2010 年，熊林离开 IBM，正式加入链家地产，准备对房屋租赁业务做出新探索。考察了美国和日本的住宅租赁后，他发现，美国和日本市场的房源品质通常比较好，因此无须对房屋进行改造装修，这与北京市场房源质量参差不齐的情况有很大不同。熊林认为，年轻人租房要的不仅仅是一个住的地方，而是过更好的生活。如果有企业能够整合市场上散落的可租赁房源，出资进行装修、改造，打造成适合不同消费群体的品质房源，进行有针对性的出租，一定存在巨大需求。

2011年，自如资产管理有限公司正式成立。作为链家地产旗下独立运营的子公司，自如的主要业务是资产管理服务及房屋租赁服务，它整合市场上空置房源进行精装修并为租客提供增值服务，打造高端租赁品牌，为租客创造有品质的租住生活。

自如为年轻人描绘的品质租住生活图景是这样的："房子是安全、舒适、有品位的租住空间；服务要超越客户期望；价格则要保持最好的性价比。"自如对租客进行细分，将目标顾客确定为毕业不久的大学生、处于事业起步阶段的年轻人和刚组建家庭的年轻夫妻，因为他们在租房方面的痛点未被满足的程度最高。

北京有大量分散于各住宅区、类型多样的空置房，业主没时间管理房子，或因为户型大难出租就空置着，加剧了北京住宅租赁市场供需不平衡的局面。自如从改变租赁市场供需关系出发，先租下大量空置房源，然后进行装修、配置和升级，以间为单位分租给年轻租客，并在其租住期间提供保洁、维修等后续服务，整个过程通过基于信息化平台的数据库进行统一管理。自如的商业模式可形象描述为C2B2C，自如是位于中间的B，向前连接着房东，向后连接着租客。

自如拿到房源后第一件事，就是按照自如的产品标准对不同房型进行改造升级，包括统一设计装修和配置家具家电。自如从创立第一天起，始终笃信房屋的品质最重要，改造房屋的钱决不能省，装修材料必须是品牌产品,电器超过五年一律更换,房屋装修完成要进行空气质量检测,不合格则要重新装修。

2011年10月,自如正式推出第一个产品——自如友家1.0,定位于合租市场的高端产品。自如友家是分散在北京各个住宅小区内的单套精装修普通住宅,每个单间面积不低于10平方米,如果入住两人则要保证人均面积高于5平方米,并拥有自然通风的窗户。

自如友家起初选用了宜家家具,但自如很快发现,宜家产品虽然好,但并不适合根据已有房源条件提供的租住生活。于是开始组建专门设计团队自行设计家具,再找供应商生产,保证在细节上满足租客需求。电器则一律采购品牌家电。

同时,自如为租客提供统一的服务,包括入住前专业消毒保洁、租住过程中双周保洁、每月对每套房的公共区域进行两次保洁;一年一次免费排查设备故障和水、电、煤气安全检查。自如设立了管家服务,当房间出现任何问题,如网络不通、设备故障时,租客可以随时联系管家安排维修人员上门解决问题。这些服务对于很多散落在老旧小区中的房屋是之前不敢想象的。

租住生活需求复杂多样,自如提供了畅通的渠道听取租客意见,鼓励租客提出改进建议,并积极参与自如产品和服务的改进。一年后,在充分研究租客意见的基础上,自如推出自如友家2.0,相比1.0产品进行了100多项升级迭代。随着公司的发展,越来越多自如员工选择租住自如房源,员工、顾客的双重身份使得自如对产品和服务的改进越来越符合目标顾客的需求。到2020年,自如友家已经迭代为6.0产品。

熊林认为,虽然租客的喜好千差万别,但整洁、安全是品质租住生活的基本标准。因此，自如从最初就努力打造标准化的租住产品和服务，持续探索并将标准细化、升级。自如的标准覆盖到包括房屋装修、家具设计与配置、家电品牌选择、房间物品摆放，以及定期保洁服务、租客选择、管家服务等方方面面。在创业最初的两年内，这套标准已经达到上千条之多。

租住服务事无巨细，自如从创立之初就将自己定位为科技公司，通过 O2O 实现闭环服务和降本增效。自如开发了功能丰富的自如网和自如 App，鼓励租客通过线上渠道进行支付租金、预约保洁和维修、投诉等。随后从 2013 年 6 月起，自如将预订、看房、签约、支付、报修等租房环节统一上线，首次实现租房全流程 O2O。

在发展过程中，熊林始终将精细化管理视为重要一环。自如采用根据 OKR（Objectives and Key Results，即目标与关键成果法）创新而来的 OKRI（Objectives Key Results and Initiatives）管理系统和方法，构建了自如内部卓有成效的管理系统，保证随着管理资产规模和服务租客数量的快速增长，能够不断改善企业的经营效率、服务水平、科技水平，持续做好产品和服务，用科技提升生活品质。

自如从诞生起就关注社会责任。2013 年，设立了专门面向应届毕业大学生的"海燕计划"，后来又推出了针对在校学生的"惠蕾计划"，减少 50% 租房押金。2016 年，针对一线服务者的子女开设了"自如成长夏令营"，旨在提升城市服务者的幸福感和融入感。这三项活动已经成为自如每年都要举办的重点企业社会责任项目。针对装修甲醛问题，自如在 2018 年推出自如深呼吸项目并持续探索。

从 1 到 N

自如友家顺利运营一年后,自如启动了新的子品牌——自如寓,定位为独栋高品质服务式青年公寓,为 20～35 岁都市青年打造全新社区生活。不同于从个人房东手里散收闲置房源,自如租赁整栋房产,经过改造装修,再统一对外散租并提供持续的运营管理服务。户型大部分设计成年轻人需要的一居室或开间,房间内配置原创家具、品牌家电、整体卫浴、WiFi 覆盖,并提供维修、保洁、收发快递、物品寄存、搬家、社区活动等服务,设置台球室、健身房、公共洗衣房、影音室、餐吧、书吧、自如驿站等公共空间,方便自如客交流、聚餐、娱乐及休息。自如寓配备管家与专业维修、保洁团队,实行类似酒店式公寓的标准化管理。

此后,自如一直在北京、上海、深圳寻找合适资源,持续打造别具风格的自如寓。2019 年开放的建国门和平自如寓是首栋智能新风公寓。该公寓除沿用优于国标 E1 级板材与环保辅料外,配备了智能新风装置,是行业内率先配备新风装置的房源之一。

2015 年,自如在深圳全面推行智能门锁,迈出租住生活智能化第一步。并全面实现 App 签约,实现互联网化。2016 年,创业五周年之际,自如从链家地产剥离,全面独立运营。

在努力耕耘 6 年后,自如终于迎来国家对机构化住房租赁企业的政策鼓励。2017 年,我国住房和城乡建设部等九部委联合印发《关于在人口净流入的大中城市加快发展住房租赁市场的通知》,提出培育机构化、规模化住房租赁企业,建设政府住房租赁交易服务平台,增加租赁住房有效供应,创新住房租赁管理和服务体制四项具体措施。在国家政策大力支持下,各大房企、酒店集团、地产中介、金融机构等纷纷开始布局长租公寓市场。

自如并没有因大批竞争者的进入乱了阵脚，仍旧保持着自己的发展节奏。紧密围绕租客需求拓展新产品和服务。此时，自如友家已迭代为4.0产品，同时开拓了自如寓、自如民宿、自如驿、自如优品等全新产品。2016年自如整租产品上线，这是自如成套出租的公寓，这一产品的上线源于越来越多自如创立时入住的第一批租客进入了结婚生子的年龄，他们的租房需求从单间升级到整套。自如驿则是针对世界青年的旅行居所，通常位于城市的核心区域。自如民宿是向热点地区的特色民居开放自如平台的短租产品，为旅行者提供本地化特色居所。自如优品则是将自如多年积累的优质供应商资源向租客开放，供他们选购高品质、个性化的家居及装饰产品。

在产品从自如友家拓展到自如寓、自如整租、自如驿、自如民宿、自如优品的同时，自如围绕租住生活需求不断开发一系列服务。自如集合所有自如客、业主的生活智慧，根据租客租住生活场景，有针对性地推出保洁、家修、家装和搬家业务，通过满足租客服务需求建立服务标准和流程，成熟后逐一向社会开放，实现市场化。

装修始终是自如最关注的问题。一套房子的装修，前后要与几大类供应商打交道，包括装修、家具、家电、保洁、宽带、门锁、家居、布艺等，必须能快速在工期内完成协同。2015年，自如推出装修服务，包括量房、确定配置方案、施工管理、提交验收和信息化五个步骤，分别对应自如制作的数层标准。自如装修房子要根据房子的条件定制化，基于美家智能量房管理信息系统，交付周期可以缩短到7~15天。

维修服务则包括装修好的房子经过品质检核进入待租状态后，从空置期到客户入住，及租约内三到五年期间房子里所有的维护、保养、维修。小到马桶堵，大到房屋的顶层结构缝隙、电路隐患等。客户下单后，对于需紧急维修的业务，北京地区五环内 2 小时上门，五环外 4 小时上门。维修服务透明定价，据实收费，采用品质配件并提供一年保修。

保洁已成为自如特色服务。2011 年自如创业时，北京市场居然连一个 20 人以上的专业保洁公司都难找到，现在与自如合作的保洁公司平均体量均达到 300 人以上。所有保洁员均经过自如专业培训考核后持证上岗。自如要求，专户专用清洁工具，毛巾、水桶则要厨卫分区使用。保洁完成后邀请租客使用白手套验收。

搬家也是应租客需求推出的产品，包括小搬、中搬、大搬、精致搬家，及企业搬家。搬家行业原本散乱缺乏标准，自如建立服务标准，包括提供专属收纳箱，保护客户的物品，并提供被褥、书籍、鞋子专属打包服务，迟到半小时承诺免单等。随着自如租客本身和外部顾客对搬家需求的增长，自如搬家将经营模式从直营发展为平台，吸纳外部搬家公司加入，自如用自己摸索出的标准进行统一培训，并下放服务管理权限，提升搬家团队的管理水平及蓝领员工的成就感。

永不止步

不断提升服务水平是自如坚持不懈的追求。从 2016 年起，自如每年设定一个明确的管理主题，号召所有员工为之努力。2016 年为品质年；2017 年为服务年，致力提升服务品质，并在 2017 年末实现投诉率万分之 0.56，服务五星好评率 95.3%；2018 年为口碑年，明确一级管理指标是 NPS（综合净推荐率）。因为自如的产品属于重决策，要求顾客有更高的忠诚度。NPS 指标适合加强对顾客忠诚的管理，与自如的业务特性极其契合。2019 是心服务年，自如的 NPS 已达 60.55%，租客忠诚度非常高。

2019 年，自如管理的房源数已突破 100 万间，在超过 9 个城市提供多元租住产品，稳居中国长租行业领跑者地位。同时围绕租客对服务的需求，构建了保洁、维修、搬家、装修等系列服务。自如在建立自如服务标准基础上将搬家、保洁、维修服务平台化，全面向市场开放。2 万名服务员工向 500 万顾客，累积交付 7 大类型生活服务近 3000 万单，并取得 98.96% 的顾客满意度。

2020 年，新冠疫情肆虐全球。部分长租公寓企业发生暴雷甚至跑路。自如一如既往坚持为顾客创造价值，将 2020 年定为客户年，升级企业核心价值观与企业文化，为抗击疫情投入近 4 亿元推出 6 大系列平安举措。

自如不仅在原有产品和服务稳扎稳打，还在创新之路继续引领长租公寓行业的发展。2020 年 10 月，它在广州推出首个城市大型租住社区项目"自如里"。该项目由自如与广州开发区金融控股集团有限公司联合开发运营，使用空间超过 6.3 万平方米，拥有 3 栋共计 1500 间房源，并配有多功能健身空间、共享办公、休闲影音等社区配套服务。上线 18 天，首批 280 套房源租罄。11 月 30 日，自如战略并购贝客青年精品公寓，实现北上广深等 7 城布局，管理 53 个集中式公寓。至此，自如形成了分散式合租、整租、豪宅，以及集中式独栋和社区的全品类租住产品覆盖。

增长背后的逻辑

自如是目前长租行业中唯一将自有客户流量做到 90% 以上的企业，因此，很多创业企业的头等大事"获客"并不是自如的工作重点。创业以来自如最关注的始终是品质、科技、服务。自如不断进化的基础是对创造顾客价值和社会价值的坚守，是大量繁杂工作的积累。自如的努力换来的是顾客的忠诚，自如的每项新业务都源于现有顾客的需求和信任，可谓自诞生之日就自带流量。目前自如租客的及时交租率达 99.5%，自如 App 日活达到 40 万以上。

自如通过坚实的实践探索，跨越了长租公寓企业生存发展必经的三道关卡。第一，品质关。租房是集成产品，从家具、家电、宽带，到建筑的质量，都会影响产品品质。自如从创立之初就将自己定义为产品和服务提供商，而不是传统租房市场的中介，企业的定位已经决定他们将租房过程中的所有质量责任都放在自己肩上。这就是他们为什么要将产品和服务做得非常重的原因。第二，规模关。作为提供城市核心基础居住与生活服务的民生行业，长租公寓的本质是维持低毛利、大规模、高效运营的行业，单体城市运营规模达不到 20 万间很难实现盈利，整体管理规模达不到 100 万间很难形成规模效益。自如通过稳扎稳打步步为营的发展，夯实基础再上规模。第三，增值关。在形成规模化的前提下仍能把控产品和服务品质，才有可能创造更多收益。自如依靠科技提升管理能力，以自如寓为例，投入运营的房源出租率始终保持在 97% 以上，优秀的数字背后是高效的运营管理，自如在目标管理、物业拓展、流量拉动、入住管理、租期管理、服务人员管理、培训体系、社区运维、安全管理以及资产管理十大板块全部实现了高效的 100% 线上流程。

展望未来，自如致力打造租住产业智慧化平台，加强租住领域全链条的数字化、数据化和智能化的产业互联网能力。目前，自如正与知名家电企业在智能家居方面进行深度合作，探索基于家庭智慧生活的产品服务创新，从设备、场景到社区推进未来居住空间的全面智能化。目前在将府自如寓装载了 Z-Link 智能家居系统，租客可以通过自如 App 远程控制门禁、照明、窗帘、空调等，还可以预定使用 24 小时健身房、轻食餐厅和共享办公等场所。自如智能社区已具雏形。

自如从创业之初争取 C2B2C 商业模式的合法性，开创长租公寓行业先河，到获得鼓励机构化规模化住房租赁行业发展的政策支持，自如不断建立和提高行业标准，呼吁政府加强引导和监管，并希望通过踏踏实实经营为行业树立标杆。从 0 到 1，再从 1 到 N，自如通过扎实的努力走在实现理想"畅享生活"的道路上。一步步建立起品牌组合，围绕租客需求建立起来的各项产品和服务形成了强大的合力，也为自如打造租住生活的智慧平台奠定了坚实的基础。自如已经从品牌树发展为品牌林，正在建设品牌生态。

日益开放跨界的市场环境中，竞争已经从一个品牌对另一个品牌，发展为一个品牌组合对另一个品牌组合，一个品牌生态对另一个品牌生态。企业需要在迅速变化的市场中识别新的发展动力源，不断夯实原有业务，发展新业务。在此过程中，我们需要思考以下三个问题：

第一，面对高速增长的需求和不断涌现的新机会，企业如何拓展新业务并建立有协同效应的品牌组合？

第二，在网络和数字经济时代，企业如何谋求建立品牌生态，实现战略升级?

第三,如何将品牌树指导的产品/业务层面品牌决策,与品牌屋指导的企业层面品牌决策融会贯通?

多元化红利:建立品牌组合

企业要围绕目标顾客需求开发新产品,规划有合力的品牌组合,为顾客创造更多价值,同时使企业获得业务多元化红利。

面对快速发展的市场,为满足不同顾客的不同需求,顺应市场对多样性的追求,企业常常面临是否要进行业务扩张的决策。如何为新产品和新业务设立品牌,与原有业务品牌形成协同效应,建立彼此间产生合力的品牌组合,成为众多快速成长企业面临的决策难题。一旦失误,不仅新业务得不到发展,原有业务也会被拖累。

实施品牌组合管理,企业需要在公司战略层面考虑如何构建品牌组合关系以实现资源最佳配置。品牌组合管理属于品牌战略,我们在第二章讲述品牌屋时已经讨论过。企业需要根据目标顾客需求及品牌核心价值,确定公司品牌和产品品牌各自的作用和彼此间如何配合,制定品牌组合策略。好的品牌组合能够帮助企业优化资源配置,提升沟通和渠道策略效率,既避免重复投入,也避免错失机会,使品牌组合在市场中发挥合力。

在资源允许的情况下扩大影响力

显然,随着品牌组合范围扩大,企业可以更好地满足相同顾客的不同需求，或不同顾客的同类需求，创造更大的市场，享受发展中的协同效应并共享专业管理能力。同时，多个业务可以帮助企业规避风险，形成更强的竞争优势。而且，在竞争中，品牌组合更具灵活性，如果母品牌很难形成特色和差异化，可以利用子品牌创新，然后反哺母品牌。当然，能够获得这些好处的前提是，企业拥有足够的人财物资源能够掌控和管理好品牌组合。因为现实中有众多企业品牌组合是低效的，企业在扩展品牌组合的过程中渐渐迷失了自我。

在我们研究的案例中，自如的业务从自如友家、自如整租、自如寓、自如驿等产品，发展到自如保洁、自如维修，再到自如装修和自如搬家等服务，充分享受到产品、服务多元化带来的红利。一方面收入来自各项业务，长租公寓占40%，青旅、民宿和独栋公寓占30%，另外的30%来自保洁、维修、搬家，以及家居用品电商平台等衍生服务，经营风险被降低。另一方面，不同业务之间有非常强的协同效应。

农夫山泉也开发了丰富的品牌组合。在天然水获得成功后，农夫山泉一方面继续丰富天然水产品线，推出莫涯泉儿童天然矿泉水、插画瓶学生天然水、锂水老年水；另一方面向其他饮料品类拓展，开发出打奶茶、东方树叶、水溶C等种类丰富的饮料，占领了更多的细分市场。农夫山泉采用分类家族品牌战略，天然水系列以农夫山泉为品牌名称，果汁、奶茶等另外命名子品牌，满足顾客对包装水和饮料的多样化选择，吸引更多顾客。

即使在需求差别没有消费者市场这么丰富多样的产业市场，北新建材也建立了品牌组合，包括公司品牌"北新建材"，及"龙牌""北新""泰山""筑根"等系列产品品牌。各产品品牌分别针对不同档次的目标市场，实现企业追求高品质和更大范围覆盖市场的目标。品牌组合管理使得北新建材在各细分市场全面超越竞争对手。

从营销效率的角度看，虽然拥有范围更大的品牌组合可能需要较高的资源支持，但如果每个子品牌都在自己的目标市场培育出忠诚顾客，而且子品牌之间存在内部协同，将会减少支出提升营销沟通效率。成功构建品牌组合的企业，如自如、农夫山泉、北新建材，都获得了营销沟通的规模效应。

旧瓶装新酒

基于现有顾客的需求不断寻找与现有业务相关的新机会，会极大降低延展品牌组合带来的风险。一方面，企业对现有顾客的需求更为了解，更容易汇集顾客需求知识，产生贴合顾客需求的创新。另一方面，现有顾客，尤其是忠诚度高的粉丝顾客，已经熟悉并信任企业了，他们接纳创新产品的阻碍较小。因此，围绕现有顾客的新需求开发新业务，是市场新常态下更安全的方式。因为在竞争红海中，市场一方面供过于求，另一方面处于不平衡不充分状态，此时内涵式增长比外延式增长更具有可行性。

自如能够充分享受多元化红利的根本原因是，它紧紧围绕目标顾客需求，而不是为实现收入增长去开发新产品。从自如友家、自如整租、自如寓、自如驿等服务，发展到自如保洁、保修，再到自如装修和自如搬家，自如业务多元化的范围看起来很宽，但其实都是围绕现有顾客租住需求的不同产品和服务。

专注于现有顾客，而不是更广泛的顾客群，初看起来顾客数量有限，实则顾客质量更高。以苹果电脑为例，2001年之前只是小众市场的品牌。虽是小众品牌，但顾客忠诚度非常高，果粉们充分认可苹果产品的设计和创新。iPod 上市时，只对 Mac 系统开放，早期使用者都是苹果的老顾客，因此产品迅速获得成功。因为相比一般顾客，忠实顾客了解产品的亮点，更容易接受高价格。iPhone 的上市是苹果进入大众市场的起点，但其实想一想 iPhone 刚上市时，相比当时的主流品牌诺基亚，产品不仅贵，电池续航时间短，还不结实，关键的问题是彻底改变了人们的使用习惯，连开关机操作都完全不同。那么顾客是怎么克服这么多障碍，接受了 iPhone 呢？其实，秘诀还是"旧瓶装新酒"，苹果的老顾客起到了极好的示范作用，帮助 iPhone 跨越了最难的障碍。在粉丝的带动下，普通大众开始关注并追逐苹果，苹果的顾客群逐渐扩大起来。

企业还需要思考品牌组合内各子品牌的联系是内部竞争还是内部协同。有时，企业可以获得内部竞争的好处，如宝洁公司的洗发香波飘柔和潘婷，可以共享渠道资源、广告资源，阻隔竞争对手等；有时企业则可以获得内部协同的好处，如现有顾客的购买、相互推荐等，如自如的各项产品和服务。

自如的品牌组合之间存在显著的合力。如自如友家的忠诚顾客进入结婚年龄后，自然而然转移到自如整租产品，过程中还会使用自如搬家等服务。用熊林的话来形容，自如各产品和服务之间的合力是"熬出来"的规模效应、协同优势，以及顺势而来的供应链优势。相比只有单一产品的企业，或者自如创业之初的合租产品，当前自如丰富的品牌组合可以为顾客创造更大的价值。同时，自如产品之间相互引流带来的影响更是让其他需要依靠第三方平台获客的企业羡慕不已。自如 App 日活达到 40 万，是目前长租公寓行业中唯一一家将自有客户流量做到 90% 以上的企业。从企业运营角度看，自如享有品牌组合关联带来的规模效应和供应链优势。

一致的定位

品牌组合需要考虑的第三个方面是品牌组合的定位，即顾客对品牌组合中各子品牌的质量和价格水平的总体感知。尤其是针对同一目标顾客群推出的不同产品和服务，品牌组合内各子品牌要形成一致的品牌定位，否则会造成顾客的认知混乱。如果原有子品牌定位为高质量，后续延伸的子品牌也需要坚持同样的质量水平，否则需要淡化品牌之间的关系，或不要延伸。

自如创业 9 年时间里最关注的始终是品质、科技、服务，在保障产品和服务品质、践行各项承诺上始终不遗余力。创立之初提出的"三天无理由退租"服务一直延续至今。自如顾客的忠诚度非常高，净推荐率已达 60.55%，这对于租房这类产品和服务来说非常不容易。顾客需求千差万别、使用产品和服务过程中顾客重度参与、从业主手里租来的房源质量参差不齐等，都造成了要树立高的品牌感知质量的难度。无论是 1800 元月租金的自如友家，还是 10 万元月租金的自如豪宅，自如对品质的追求都是精益求精。强大的科技和运营能力保障自如在管理 100 万间房源时也能游刃有余地保持产品和服务质量。而高的感知质量成为自如每个新产品和服务上市就会受到忠诚顾客喜欢，订单量迅速增长的原因。

谨慎命名

品牌组合中子品牌的命名非常重要。通常，当企业刚成立时，往往只有一个品牌，销售一种产品。此时，有的企业用公司品牌命名产品，有的企业则为产品选用与公司品牌不同的独立产品品牌。随着发展公司不断推出新产品，在为新产品命名的问题上，企业的策略可归纳为三类：公司品牌战略、集合品牌战略和混合品牌战略。公司品牌战略指企业所有的产品都直接使用公司品牌名称。集合品牌战略指公司使用独立的品牌名称销售产品。混合品牌战略指在公司的品牌组合中，公司品牌与部分产品品牌相联系，同时也存在一些独立的产品品牌。三种做法各有利弊，企业可以根据目标市场的需求、行业竞争及企业自身资源选择适合的策略。

两位学者 Neil 和 Lopo 研究了美国市场的 72 家上市公司在 10 年内的品牌组合战略与公司市场及财务绩效的关系，发现从营销效果角度看，企业采用越来越多的品牌跨越数量较少的细分市场，低水平的组合内部竞争和高感知质量，是保持顾客忠诚度的公司的最强品牌组合战略。自如的品牌组合就采用了这条路线，丰富的子品牌、内部协同、高感知质量，因此获得了高忠诚度。

平台的力量：建立品牌生态

以品牌为基石，围绕核心能力和关键资源，布局平台和生态，实现品牌战略升级。

随着网络和数字经济蓬勃发展，众多企业谋求从产品到平台再到生态的战略升级，这种趋势对于顾客需求呈现多元化的企业比较普遍，因为任何一家企业都无法满足顾客的多元需求，联合其他供应商是必由之路。成功的平台与生态能够吸引和留住更多的长期顾客，进一步提升对外部第三方供应商的吸引力，吸引它们进入平台和生态为顾客提供更加丰富的产品和服务。而平台和生态的核心企业往往拥有先进的技术和充足的数据，通过提供顾客需求分析、交易匹配和管理工具、金融支付服务等，充分赋能外部第三方供应商，使得不同主体在平台和生态中相互支持，形成有效的内外部协同效应。核心企业则获得实现战略升级的机会，从品牌树、品牌林发展为品牌生态，并随着平台和生态整体竞争优势的稳固，进一步提升品牌竞争力。

随着互联网和大数据的发展，成功实施平台和生态战略的企业越来越多，如苹果、谷歌、亚马逊、阿里巴巴、京东、美团等。这些企业初创时多数仅有一个成功的产品或平台，针对顾客的某项需求提供价值，留住顾客并逐渐聚拢大量顾客，进而依靠挖掘忠诚顾客的相关需求吸引第三方供应商，形成可以为顾客提供多元价值的生态系统。成功的生态系统始于忠诚顾客，即品牌树和品牌林的重要基础是忠诚顾客。由此，企业建立品牌生态的清晰路径是：以维系顾客终生价值为基础，围绕顾客多元需求，遴选合适盟友，共同构建全场景的生态，实现开放共赢。

网易有道、自如均已步入从种植品牌树和品牌林到构建品牌生态的阶段。网易有道陆续开发一系列围绕学习、办公场景的明星App，如有道词典、有道翻译官、有道少儿词典等，形成了丰富的工具型产品矩阵。2014年推出以有道精品课为代表的付费直播课程后，又推出有道数学、有道乐读、有道小图灵等少儿素质教育产品。2017年，网易有道推出针对企业用户的B端业务——有道智云，将其在机器翻译（YNMT）、图像识别（OCR）、语音识别（ASR）等AI技术的积累开放给行业，成为 AI 技术提供商，赋能产业。

同样，自如在产品设计、运营、服务能力、科技手段运用这四个方面的持续努力，使其拥有了构建自如品牌生态的实力。自如的品牌生态建设围绕核心产品和核心能力展开。围绕核心产品，自如将现有租住产品向智能化发展，探索建立租住生活生态圈。2015 年，自如全面推行智能门锁，开启租住生活智能化，提升租住管理运营效率。一路探索下来，路径越来越明晰。2019 年，自如科技团队的目标是"打造业界领先的租住产业智慧化平台"，加强租住领域全链条的数字化、数据化和智能化的产业互联网能力。自如作为空间居住服务的提供者，将从设备、场景到社区推进未来居住空间的全面智能化。智能化不只能满足租客的需求，也能满足自如的运营管理需求。随着管理房源的增加，自如必须对房子的所有状态进行实时和提前的智能管理，降低维护成本。目前，自如在智能化方面取得诸多成果，如自如通过 Z-link 将门锁、空调、冰箱、窗帘等设备进行智能化连接，实现客厅、卧室、厨房、卫生间等家庭场景以及书店、餐饮、运动等社区生活的全智能操控。自如与家电等企业在智能家居方面进行深度合作，希望在自如构建的租住生活平台上，与合作伙伴共同开发优秀产品和服务，通过智能家居让租赁全面智能化。

围绕核心能力——高效资产管理和运营能力，自如探索建立资产管理生态圈。从 2017 年开始，中国长租公寓行业开始被各界认真作为一个大有潜力的行业看待，受到空前重视。同时，面对长产业链与重运营的风险，及不断提升的顾客租住生活需求，行业将迎来专业化分工、高效运营的时代。规模化、专业化的头部企业将加速成长，小而全的运营模式将面临更严峻的市场考验甚至被市场淘汰。自如认为，未来租赁市场的格局将呈现以投资商、开发商、运营商及服务配套商为主所构成的有序分工、高效协作模式。一个成熟的专业化租赁企业一定是在投资、开发、运营三个环节都有专业能力支撑的企业，具备对多种形态租赁物业的产品规划和管理运营能力。这既是自如努力的方向，也是创业以来的积累。当企业的核心能力与行业发展趋势合拍时，企业将获得巨大的发展机会。2020年，自如在集中式长租公寓领域大展宏图，仰赖的就是早期经营分散式公寓历练的资产管理和运营能力。

品牌树与品牌屋：融合产品/业务层面与企业层面的品牌决策

当企业将品牌树发展为品牌林或品牌生态，企业需要将产品/业务层面的品牌决策与企业层面的品牌决策相融合，将品牌树装入品牌屋。

至此，从第二章到第八章，我们用6章篇幅论述了如何应用品牌树，指导企业在产品/业务层面建设品牌，发展品牌林或品牌生态。回顾我们在第二章给出的企业层面品牌决策工具——品牌屋，品牌树是品牌屋的第四层。下面我们总结两个工具的关系和使用方法。

当企业只有一项产品或业务，企业层面的品牌决策与产品/业务层面的品牌决策高度重合，企业可以将关注重点放在品牌树，基于品牌核心价值，发展出企业层面的品牌战略目标，构建品牌管理架构，培育品牌文化。此时，公司品牌和产品/业务品牌大概率是重合的。企业可以由下而上搭建品牌屋，决策思路是由品牌树发展为品牌屋。

当企业根据市场机会发展出更多品牌树，形成品牌林或品牌生态后，品牌屋的作用越来越重要。企业需要同时实施企业层面品牌决策和产品/业务层面品牌决策，根据品牌屋的容纳能力规划新的品牌树和品牌生态。此时，第四层是品牌屋的主体，其他四层也非常重要，需要得到高度重视。同时，公司品牌和产品/业务品牌需分开，承担各自的职责。**公司品牌**要充当空中部队，与利益相关者，尤其是顾客之外的员工、政府、上下游合作伙伴、公众等进行对话，在利益相关者心智中种下公司品牌树。品牌联想更多体现在公司能力、社会责任等整体信息。**产品/业务品牌**则要充当地面部队，通过创造和满足目标顾客需求，在目标顾客心智中种下产品/业务品牌树。品牌联想必须紧密结合到产品/业务的属性、特点等细节信息。公司品牌和产品/业务品牌相互配合，前者为后者创造有利的环境，后者为前者提供支撑论据和持续创新的源泉。如图8-1所示，我们将品牌树装入品牌屋。

建立了品牌屋后，在企业日常实践中，第四层仍然是品牌屋决策的主体。从品牌树到品牌林，企业如果能够科学构建和管理品牌组合，就可以把握市场发展中显现的机会，实现企业稳健增长。企业需要综合思考品牌林范围大小，品牌林内各品牌树之间是竞争还是协同关系，品牌林的整体定位及品牌树的命名等因素制定品牌组合策略。如果顾客需求呈现多元化，企业可以基于自己的核心能力和关键资源，联合其他供应商共同满足顾客需求，建立品牌生态，实现战略升级。产品/业务层面的品牌决策逐渐累积，最终实现公司的品牌战略目标。

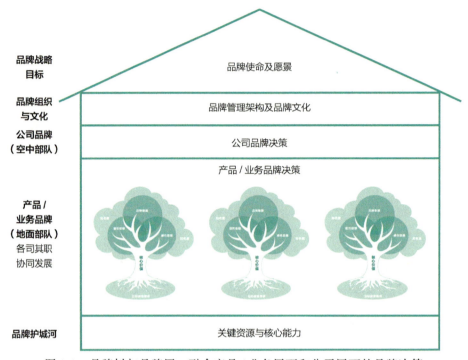

图 8-1　品牌树与品牌屋：融合产品/业务层面和公司层面的品牌决策

面对市场变化不断涌现的新机会，企业只有以品牌树为基础，培育品牌林和建设品牌生态，跟随市场发展的趋势，不断夯实品牌竞争优势，才有可能不被源源不绝的新机会催生的竞争所超越。

如果您所在企业正面临着顾客需求的快速增长和多样化裂变，请思考：如何抓住市场机会培育品牌组合，享受业务多元化带来的红利？如果存在建立品牌生态的可能，应该如何布局，实现从品牌树、品牌林，到品牌生态的战略升级？在企业不断成长的过程中，如何将产品/业务层面的品牌决策和企业层面的品牌决策有机融合起来？

第九章
测评品牌的表现

"再也不能像过去那样分配营销资源,我们需要采取一种更加系统化的方法,确保我们的营销投入针对那些回报率最高的机会。"
——金炳国(1999~2005年任三星电子全球营销执行副总裁及首席营销官)

培育品牌需要时间，过程中通常涉及多项营销投入，而很多投入的效果并非立即显现。因此，企业需要思考，如何全面追踪品牌建设的效果？长期和持续的品牌投入需要及时获得过程反馈信息，这些信息不仅仅可以帮助管理者调整下一步策略，更重要的是管理者也需要在品牌建设的过程中增长信心，并统一企业内部对于品牌目标及品牌策略的不同声音，尤其在并没有马上获得显著市场销售业绩的艰难时刻。

本章讨论如何监测品牌建设的效果，除了品牌价值这类直接反映品牌资产状况的指标外，还有哪些过程性测评指标可以反映品牌建设的状况。另外，测评本身不是最终目的，测评是为了更好地建设。如何通过测评引导企业更好地理解品牌价值的来源与表现之间的关系，实现通过培育品牌为企业打造持久竞争优势的目标？

三星电子：对营销投入效果心中有数

在三星电子，金炳国空降后开启了以品牌为发力点的顾客需求驱动的变革，聚焦年轻顾客群，通过"三星数字世界欢迎您"系列广告塑造了全新品牌形象。随着系列品牌广告行动的展开，很多习惯于看重产品研发的产品经理并不理解，他们认为"在研发上投资终归好过把钱花在广告上""在我所负责的那个国家的市场，主流成熟的顾客对三星电子满意并准备购买三星电子产品，因此过度强调年轻和创新是不合适的""我们不应该仅仅为了在一些排名上超过其他公司而在广告和促销过度支出""全球形象宣传活动只有能够迅速提高产品零售量时才有用，我并不相信它能做到这一点"……反对意见纷至沓来，可以想见，当时金炳国的压力有多大。

有据可依

金炳国顶住压力，将"三星数字世界欢迎您"活动开展到底，最终使三星电子跻身于全球品牌第一梯队。他的重要依据是，顾客对"数字世界"广告活动给予了积极的回应。在顾客与三星品牌关系测评中，认为三星"令我欣喜"的顾客比例逐渐上升。金炳国让产品线经理们逐渐认识到，年轻顾客对三星电子的喜爱如何一步步转化为销售量。最终，产品经理们由品牌怀疑者转化为品牌拥护者："即使我们拥有最好的产品，可对顾客来说，货架上总是琳琅满目选择甚多，我们需要一个强大品牌才能冲出重围。"金炳国是如何做到的呢？

金炳国将三星电子旗下各个业务部门在全球的所有广告业务整合到 FCB 一家广告代理商后，他请 FCB 开发了一个名为"关系监测系统"的模型，将顾客与三星品牌的关联用 13 种关系来描述。13 种关系包括：矛盾、成本、品质、魅力、敏感、专注、认知、满意、舒适、适应、投入、信任、忠诚。其中，最浅层的接触是顾客犹豫是否考虑三星电子产品并开始比较购买的成本，关系的起点是顾客认知到三星电子的产品品质和品牌魅力而被吸引，关系建立则缘于顾客对品牌的认知和满意，进而产生了更紧密的连接，最终由于顾客对三星品牌的信任和忠诚产生了绑定关系。

从矛盾到忠诚的 13 种关系展现了顾客与三星品牌从浅层接触到建立紧密连接的过程。关系监测模型采用顾客问卷调查的方式收集数据，要求顾客针对三星电子及竞争品牌，为一系列涉及 13 个关系维度的测试项打分。在此基础上，FCB 用 7 种代表不同忠诚程度的关系描述顾客与品牌之间关系的类型：不可接受、价格合理、紧跟潮流、可以信赖、体贴合用、令我欣喜、完美适用。

在三星电子启动全球品牌战略后，FCB 在重点地区市场对三星电子及主要竞争品牌的顾客关系进行了测量和审查。除了三星电子整体品牌外，它还请顾客对三星手机品牌进行单独打分。FCB 以重点地区市场的得分平均值作为基础，比较各个地区每种关系之下顾客的人数百分比。结果表明，三星品牌在不同国家处于不同的发展阶段。例如，在中国大陆，除手机以外，三星在"令我欣喜"上十分强势，但在"完美适用"则表现不佳。相比之下，在美国，三星整体品牌更多附着"价格合理"的色彩，三星手机品牌则拥有强势的品牌地位，属于"令我欣喜"和"完美适用"。

由此，FCB 建议三星电子将营销重点放在三星品牌较弱但成长性好的市场，如中国大陆。通过开发有影响力的新产品确立品牌地位，因为只要三星品牌在某个产品领域被视为领先者，往往会引发顾客关注到三星电子的其他产品。在三星品牌表现较强的成熟市场中，顾客群体的数量已经很可观，品牌沟通的重点应当放在促使更多的顾客进入"令我欣喜"和"完美适合"的关系范畴，提升顾客对三星品牌的关系强度。

除了比较三星品牌在不同地区市场的表现，FCB 还采用关系监测模型将三星电子与主要竞争品牌在相同市场中的表现进行对比。三星手机的强势表现使得他们相信，三星品牌与年轻顾客建立品牌关系是充满希望的。通过这个分析，三星电子决心，应该按照未来消费趋势塑造品牌形象，而不是仅仅回应当前的流行风尚。他们希望三星品牌能够成为"前卫顾客"的不二之选。

在顾客调查和定量分析的基础上，三星电子还采用访谈等方式深入了解顾客的品牌感知。如针对"三星数字世界欢迎您"的广告行动展开的顾客深度访谈中，顾客给出了非常积极的反馈："这让我用新的眼光重新审视三星，有活力、高科技、位列第一阵营""它告诉你其实你只想要简单的东西，来自科技对生活的简单改进。但是它变得如此复杂，以至于你现在坐在椅子里都不知道该朝哪边转。三星将要把它简单化，让全世界拥有不同文化背景的人们都能从中受益""三星让普通大众接触高科技"……顾客的品牌感知正是金炳国希望建立的品牌形象"哇、包容、简单"的具体表现。三星电子逐渐让年轻顾客感受到三星品牌能够为自己带来与众不同的价值。

此外，三星电子邀请业界专家协助分析消费趋势，确立三星品牌感知的细化维度及可能的展现载体。如根据顾客"按需生活并且能够自己掌控"的需求提供个性化偏好的芯片或代码在设备之间传输声音和数据；根据顾客认为"技术已从惊叹走到惊喜"的感觉，强调产品不仅要充分适合日常生活的需求，也要保持"令人惊喜"的设计元素。

事实表明，选择年轻顾客群作为目标市场，建立"哇、简单、包容"的品牌形象，使得三星电子一步步建立起品牌资产，进入全球最有价值品牌之列。在实现品牌战略目标的过程中，及时掌握顾客对品牌的感知，以及与品牌建立不同程度紧密关联的顾客数量和比例至关重要。即，顾客对品牌的整体主观感知怎样？有多少比例的顾客仅仅处于"打酱油"⊖状态，哪些具有发展为粉丝的可能？有多少比例的顾客已经成为粉丝？粉丝中"脑残粉"⊜比例多高？这些指标虽然不

⊖ 此处指仅仅对品牌有所了解，没有深刻认知，不产生购买。
⊜ 此处指极其忠实和狂热的粉丝。

及销售收入、利润等市场表现那样直观和引人瞩目，但对营销决策具有清晰明确的、前瞻性的指导价值。

用数字说话

除了顾客的品牌感知及品牌关系外，企业还需要及时跟踪品牌的市场业绩表现，如市场份额、销售量、销售额和利润等。这些指标可以直观检验企业营销投入的历史效果。企业通常会依赖这类指标做出未来营销预算分配，因为这样做比较明确清晰，争议较少。殊不知这样很容易陷入一个误区，前期表现好的业务会更容易获得营销预算，但其发展后劲已经不足，导致营销投资回报率递减。而前期表现虽不理想但发展潜力巨大的业务常常难以得到支持。

这个问题在产品种类多、市场范围广泛的公司尤其突出，因为很难准确比较各产品在各地区市场的潜力。同时，不仅需要比较不同产品类别在不同国家（地区）市场的增长，还要考虑该国家（地区）自身的增长，因此企业需要考虑不同国家（地区）市场特定的数据，如人口、人均 GDP，以及产品表现的数据，如渗透率、市场份额、利润率、媒体成本以及竞争对手的动向。在大多数公司，这些信息掌握在不同部门手中，有些公司甚至都没有这些数据。所以，根据发展潜力分配营销预算，听上去很美，但在现实中却往往面临无法实现的尴尬。

早年的三星电子就是如此。三星电子当时在超过 200 个国家和地区销售 14 个产品大类，粗略计算下来，三星电子需要在约 500 个产品类别和国家（地区）的组合中找到最优投资方案。而实际情况是，韩国总部有 14 位产品大类经理决定该大类在各个国家地区的预算分配，他们有各自的数据收集和分析方法。所以，几乎没有可能对不同地区进行比较，更不要说在不同品类不同区域之间进行比较了。

金炳国决定建立统一的数据库，用数字说话。三星电子花了18个月的时间收集在每个已经进入的市场的重要数据，包括总人口及目标顾客数、人均购买力、人均在每个产品类别上的购买力、产品类别渗透率及总增长率、三星电子的市场份额、媒体预算、前期营销费用、每个类别的利润率，同时还搜集竞争对手的相关数据。数量庞大的数据被逐一录入中央数据库。三星电子开发了一个名为 M-Net 计算机程序来运算，与产品经理多次反复沟通，对程序进行了调试和迭代，直至其结果得到产品经理的认可。

M-Net 程序能够准确分析每个市场是否值得给予更多预算，通过分析过去营销投入产生的结果，对未来营销预算应该用在哪个国家（地区）和产品领域给出建议，同时对价格调整方案加以辅助分析和建议。M-Net 的分析揭示了三个改进机会：三星电子在北美和俄罗斯等不具有高增长潜力的区域开支过度，当时有 45% 的预算用在这些区域，但预算应该控制在 35% 左右；一些具有高增长潜力的区域，如欧洲和中国，获得的投入少于适当水平，应该从当前 31% 的营销预算提升到 42%；类似的不合理也存在产品层面，手机、吸尘器和空调获得的投入要高于其应得的预算份额，而电视机、PC 显示器得到的预算显然不够。

尽管产品大类和区域经理们最初对营销资金分配的重大调整很抵触，尤其是当自己所负责的产品或区域需要削减预算时，但面对 M-Net 的计算结果也只能服气。随着一些调整带来顾客关系测评指标的积极结果，并进一步转化为可见的市场份额和运营利润，产品经理们渐渐接承认了营销资金的利用在数字的帮助下比之前更有效的事实。

金炳国使三星电子的营销基于数据和事实，而不是人情关系或公司政治。在金炳国担任三星电子全球营销总裁后，公司的CFO果然来质疑他10亿美元营销预算的效果。金炳国用数据进行了清晰说明。

任何一家企业都会非常重视产品市场表现方面的指标，三星电子也不例外。但三星电子的高明之处在于并不是简单机械使用这些数字，而是通过建立统一的数据基础，使数字之间可以进行比较分析，既可以总结过去投入的成效，还可以获得对未来管理决策有帮助的指导信息。保证公司的预算多投入在那些可以获得长期增长潜力的机会，减少投入在可能产生越来越低投资回报的机会。

金炳国圆满完成李健熙和尹钟龙托付给他的任务，带领三星电子成功转型。如果将三星电子高层给金炳国的任务，即"让三星品牌进入全球最有价值品牌榜前20名"理解为KPI的话，显然，这是一个看似清晰明确，实则非常模糊而且短时间无法完成的指标。那么，如何证明自己的阶段性工作成果是有效的实在太重要了。金炳国将"品牌价值"这个结果指标分解为阶段性过程指标，尤其是管理层最关注的、与产品市场业绩紧密相关的营销投入效率，并通过业绩指标引导习惯关注产品的管理层，开始慢慢关注顾客对三星品牌的感知和态度这类他们过去忽略的指标。重要的是，通过这个过程，在全公司范围内实现了以培育品牌为抓手的顾客需求驱动的变革。

品牌资产的培育是长期且复杂的过程，企业需要建立完善的品牌追踪管理系统，为决策者提供有关品牌建设成效的及时、准确的信息。企业在实践中遇到的困难是不知如何全面测评品牌资产，如何将最终结果指标化解为阶段性过程指标，如何以评促建通过测评指导品牌建设……有的企业甚至因为品牌测评存在太多未知，索性不设立品牌监测指标，只关注销售业绩指标。殊不知，这样做企业会越来越短视，最终使品牌受到伤害。因此，我们要思考以下两个问题：

第一，如何系统把握品牌建设的效果？除了品牌价值这类结果指标外，还有哪些过程性测评指标可以反映品牌建设的状况？

第二，如何通过测评引导企业更好地理解品牌价值的来源与结果表现之间的关系，实现通过培育品牌为企业打造持久竞争优势的目标？

品牌测评系统：多维度

企业需建立多维度的品牌测评系统，既能反映品牌建设的阶段性结果，也包含过程信息；既能呈现品牌投入的历史表现，也能指导未来方向。

相对完善的品牌测评系统应该同时包含品牌建设的过程信息和结果信息，让更关注结果的企业决策层能够理解执行层在品牌建设过程中的策略表现，这样才能更好地以评促建。同时，品牌测评系统还能够从不同视角反映企业不同职能部门的关切。如何让产品和研发部门理解顾客的感知是产品表现的裁判，如何让营销部门明白营销预算要花在刀刃上，如何让财务部门了解大笔的沟通费用的效果会逐渐释放……这些都需要借助品牌测评系统来达成。

产品品牌测评

我们在第二章阐述了品牌资产的三种存在形式：顾客心智模式、产品市场模式、资本市场模式。由于品牌资产可以同时从顾客心智、产品市场和资本市场三个模式来评价，其测评必然是复杂的。顾客心智模式的品牌资产用顾客品牌感知层面的信息反映品牌实力；产品市场模式指品牌为其产品在商品市场交换活动中带来的产出增量，如溢价或市场份额；资本市场模式则测量品牌在资本市场的表现，如股价或品牌的财务价值。

三种模式关注点不同，各有优劣。顾客心智模式是品牌资产产生价值的源头，能预判品牌的市场表现，但要通过繁杂的顾客调查，且无法为品牌管理者提供直观简明的结果。产品市场模式的品牌资产运用溢价、市场占有率、销售收入等更能反映市场结果的指标，但这种测量多是结果，无法预测未来，而且有的指标还可能误导品牌价值，如依靠降价换来高市场占有率，长期来看可能有损品牌资产。资本市场模式视角将品牌作为金融资产，最常用的指标有品牌被出售或收购时的价格、品牌为企业带来超额收益的折现等。这种方法希望反映品牌的未来潜力，但测量过程存在很大主观性。此外，因为影响股价波动的因素非常多，资本市场模式的评测与品牌营销策略关联性并不强。

在企业的实践中，常常被忽略的是顾客心智模式层面的测评指标，而这恰巧是最重要的指标。原因是品牌能够为企业带来核心竞争优势，是源于目标顾客心智中对品牌的主观整体感知。因此，企业需要了解顾客的品牌感知，以及目标顾客与企业关系的紧密程度。这些可以从分析现有顾客对品牌的态度，包括认知、情感、行为意向和行为产生了什么样的影响，以及各种影响的强度如何，如顾客对品牌的熟悉程度、喜爱程度和产生的联想、忠诚程度等。如 Aaker 提出的品牌资产十要素（Brand Equity Ten）和 Keller 提出的基于顾客的品牌资产模型（Customer-based Brand Equity）。还有一些咨询公司从研究顾客与品牌之间的关系出发，衡量、比较品牌与顾客关系的强度，如扬罗必凯（Y&R）开发的 BrandAsset TM Valuator 等。顾客层面测评通常采用顾客抽样调查的方法采集数据，这类指标看重的不是测评的最终结果，而是测评过程中产生的信息，以及这些信息所带来的对企业品牌决策产生的辅助作用。顾客层面的测量面临的挑战是，模型包含的变量是否能够全面地反映品牌资产，所以需要不断研究迭代，同时辅之以顾客深度访谈获得的定性分析数据作为补充。

因此，企业需要建立适合于本企业的品牌资产测评系统，尽可能较全面地反映品牌资产建设的短期和长期效果。遵照同样的体系定期测评，使每次的结果具有可比性，以便根据测评中发现的问题及时改进品牌策略。此外，在数据来源和测评方法上也要尽量多种并用，企业自行评测和第三方调研相结合，定性访谈和定量调查分析相结合。

三星电子的品牌测评体系综合包括顾客层面、产品市场层面及资本市场层面的指标。顾客层面，三星电子通过分析顾客与三星的 13 种关系，及每种关系的顾客比例来判断品牌在不同地区的市场要如何改进；市场层面，三星电子通过将销售收入、利润率等市场表现指标与所在地区市场的发展潜力结合起来，分析未来的营销预算分配；资本市场层面，三星电子用品牌价值来衡量品牌建设的综合效果。在测评方法和数据来源上，三星电子也做到了尽可能多元化。

我们建议，企业要建立多维度的品牌资产测评系统。至少包括三方面指标。第一，顾客品牌感知测量，包括品牌认知、理性价值联想、感性价值联想、品牌态度等；第二，顾客关系比例测量，包括将品牌作为"唯一选择""第一选择"和"选择之一"的顾客的比例；第三，市场业绩表现，如市场份额、销售收入、利润等。通常情况下不必考虑品牌资产的财务价值，因为其对管理决策的辅助价值并不直接，且估值方法尚在发展中。

公司品牌测评

与关注重点是顾客的产品品牌不同，公司品牌的关注范围扩展到利益相关者。因此企业需要建立专门针对公司品牌的监测指标。这一点对于公司品牌原本就比较重要的工业品品牌来说具有更高的必要性。我们建议，采用监测媒体公关报道的方式来观测公司品牌针对重要利益相关者沟通策略的效果，同时辅之以对重要利益相关者典型样本的深度访谈，综合测评公司品牌的表现。

媒体公关报道监测可以聘请第三方调研公司或公关公司制作调查报告，分析和测评过去一年重要媒体对公司品牌的报道。先选定重要的目标媒体，然后通过调研人员搜集或爬虫等方式分析各类报道文章及公司投放的软文等，建立媒体数据库。设定几个等级评估报道对公司品牌的影响，如最低分是文章中多数内容是负面报道的文章，而涉及竞争对手多为正面报道的文章，最高分是文章中包含了对公司多方面的积极报道，但没有提及竞争对手或竞争对手遭到负面报道的文章。在此基础上将公司与竞争对手在过去一年在重要目标媒体发表文章的内容质量进行比较，关注企业品牌核心价值的关键词被提及的频率，如公司注重创新，就要分析针对公司的报道中提及创新及具体支持信息的文章数量。

对标最佳实践：有的放矢

对标品牌最佳实践，逐项检查企业品牌建设情况，制定改进策略和行动方案。

制定和实施品牌战略是关系到长远发展的系统工程。从规划品牌树，将品牌树种植到目标顾客和利益相关者心智中，到养护品牌树、抓住市场机会培育品牌林和建设品牌生态，企业需要做出缜密规划，进行组织保障，并在实施过程中根据实时反馈及时改进。我们根据本书所研究企业的决策，整理了名为"品牌最佳实践"的基准工具（见表9-1），帮助企业检查品牌建设情况，并为改善品牌实践提出明确的策略方向。

第一步，企业对标品牌最佳实践中的九个关键方面，采用打分的方法逐项评定本企业或品牌的表现，5分代表非常优秀，1分代表非常差。第二步，将每个方面的得分加总，看看公司的品牌实践在哪些方面比较优秀，哪些方面亟待改进。

表 9-1　品牌最佳实践自检表

品牌最佳实践	得分
最佳实践 1：用品牌思维指导建立持久核心竞争优势	
企业是否：	
1）充分理解品牌能为企业建立持久核心竞争优势	____
2）具备顾客导向的品牌思维，而不是企业导向的产品思维	____
3）高层管理者认同"公司未来发展必须建立强势品牌"	____
4）高层管理者积极参与品牌战略的制定与执行	____
最佳实践 2：建立了清晰、支撑品牌思维落地的品牌管理体系	
企业是否：	
1）将品牌视为战略资产而非战术工具	____
2）有清晰的品牌愿景和品牌目标	____
3）品牌组合内各品牌（公司品牌、产品品牌）分工明确、彼此形成合力	____
4）品牌管理组织和流程明确	____
5）了解建设品牌所需要的关键资源和核心能力	____
最佳实践 3：对目标顾客有充分的洞察	
企业是否：	
1）知道目标顾客是哪些人/企业	____
2）清晰了解目标顾客的现实及潜在需求	____
3）建立了洞察目标顾客需求的方法	____
最佳实践 4：提炼了清晰的品牌核心价值	
企业是否：	
1）对品牌核心价值有清晰明确的表述	____
2）品牌核心价值是目标顾客需求的痛点	____
3）企业有资源和能力支撑品牌核心价值落地	____
4）与竞争企业相比，顾客认为品牌核心价值存在差别和优越性	____
5）员工形成了为品牌核心价值努力奋进的文化	____
6）目标顾客能准确说出企业的品牌核心价值	____
最佳实践 5：目标顾客对品牌核心价值形成丰富的联想	
企业是否：	
1）对品牌核心价值具有清晰的理性价值支持体系	____
2）对品牌核心价值具有清晰的感性价值支撑体系	____
3）围绕品牌核心价值不断丰富顾客的品牌感知	____
4）具有有效的忠诚顾客计划将顾客培养为粉丝	____

（续）

品牌最佳实践	得分
最佳实践 6：使用整合的策略培育顾客的品牌感知	
企业是否： 1）对品牌名称、标识、符号等具有明确的指导方针 2）品牌名称、标识、符号容易记忆，含义丰富 3）具有针对产品、定价、渠道策略如何影响顾客品牌感知的审核 4）确保所有直接接触顾客的员工受到良好的品牌培训	—— —— —— ——
最佳实践 7：具备清晰的品牌传播策略	
企业是否： 1）具有清晰的阶段性品牌沟通目标 2）熟练掌控全媒体沟通（传统媒体和社交媒体）策略 3）有持续稳定的品牌传播投资 4）对品牌传播效果心中有数	—— —— —— ——
最佳实践 8：根据市场机会持续提升品牌影响力	
企业是否： 1）不断扩大品牌核心价值在该行业/品类中的影响力 2）在通过品牌延伸拓展新业务过程中建立具有协同力的品牌组合 3）围绕品牌核心能力建立以自身为主导的品牌生态	—— —— ——
最佳实践 9：具备全面的品牌测评系统跟踪重要利益相关者的品牌感知	
企业是否： 1）持续跟踪研究目标顾客的品牌感知 2）持续了解员工对品牌核心价值内涵的理解 3）持续跟踪外部利益相关者（公众、媒体）的品牌感知 4）依据品牌增长潜力制定合理的营销预算	—— —— —— ——
企业品牌实践的总得分	

企业可以每个季度或者每半年做一次品牌最佳实践自检，对前一阶段品牌建设情况做出评价。选出 3 个表现薄弱的方面，根据企业当前拥有的资源，确定在今后 3～6 个月内可以采取的改进行动，并明确指定负责的部门和检验行动成效的方法。定期自检，制定有针对性的改进策略，并记录品牌建设的持续表现，会大有裨益。

准确了解品牌建设的成效比较难，企业更需要慎重思考这件事。品牌资产有多种存在形式，投入和产出不实时对应，以及不同层级、岗位管理层对品牌关注重点的差异，都为准确理解品牌建设效果增加了难度。企业可以尝试建立和逐步完善包含顾客品牌感知、产品市场、资本市场表现多个层面指标的测评系统。建立品牌建设的过程与结果信息之间的关联，通过测评来指导企业制定有针对性的品牌建设策略。

如果您所在企业或您负责的某项产品/业务正在建设品牌，请思考如何建立适合自己的品牌测评系统，及时把握品牌建设情况，确保品牌投入可以针对回报率最高的机会？同时努力以评促建，通过达成阶段性目标，逐步建立品牌资产，为企业打造持久的核心竞争优势？

结语

源自企业实践的思考

2005年，清华大学经济管理学院送我到MIT斯隆管理学院访问学习，我开始接触正规的案例教学法。我参加的几门课程里，有的几乎整堂课时间都用来讨论一个企业的案例，教授作为组织者不断提出问题。MIT为我们几位来自中国的学者举办了为期一周的案例工作坊，并送我们到哈佛商学院学习案例教学法。回国前，我的责任教授John Hauser送给我他在麻省理工学院（MIT）斯隆管理学院教授营销管理课程使用的全部案例及他自己详细的教学笔记。

从那时起，我开始认真思索使用案例来讲授自己当时已经讲了近8年的营销和品牌管理课程。我逐渐发现，使用案例教学其实不仅仅是授课更是重新学习和思考的过程，和学生一起讨论案例企业面临的营销决策问题，脑力激荡的结果是将理论学活了。我们从某个具体案例中获得的思考虽然细碎不成体系，但更有生命力，因为这些思考源自企业真实的实践。

伴随中国经济的发展，我将目光投向朝气蓬勃的中国企业，追随它们的脚步，去观察离战场最近的炮火，去聆听最有节奏的枪声，去记录这些企业的实践和思考。我们开始系统研究中国企业的案例，并在课堂上和学生借助案例企业展现的决策场景，思考中国企业当前面临的决策问题及可能的答案，尤其是西方企业未曾遇到的、具有中国特色的问题。

2015年，我们撰写的中国企业案例"Ziroom: Creating quality rental life"被哈佛案例库收录，当时，案例的主角——自如友家资产管理有限公司创业才4年。我们意识到，中国企业正在为原本以西方为主流的管理理论提供令人耳目一新的思考，因为它们遇到的问题和探索出的答案，是源于西方企业实践的成熟理论所没有涉及的。我们有信心通过中国企业的实践，发展适合中国企业商业环境和管理特点的理论，讲好中国故事。无疑，案例研究是绝佳的切入点，尤其是长期持续跟踪一个企业所做的案例研究，能够为我们展现更长的画卷和更深刻的视角。

本书是我们在近15年间进行案例研究的思考。很多案例企业是我们长期连续跟踪的对象，它们与众多中国企业一起，正在经历着变迁的市场新常态，用自己的努力回答着市场新常态抛给企业的三个新难题。我们奉献的是对案例企业所交付答卷的思考。

第一个问题，面临同质化的激烈竞争，企业如何努力比竞争对手做得更好？我们找到的答案是：通过品牌思维获得企业内观的慧眼和在纷杂剧变中前进的方向标。第一步，遴选并聚焦于目标顾客，深刻洞察其需求，尤其是顾客自己尚未明晰的潜在需求，并根据企业的资源和能力提炼品牌的核心价值。第二步，基于目标顾客的需求，围绕品牌核心价值塑造顾客的品牌感知，让企业与目标顾客互相成就共同成长。

这个问题背后的逻辑是：当市场从供不应求发展到供过于求，当需求从千人一面发展到一人千面，商战的逻辑已经由从无到有转变为从有到好，裁判是顾客，而他们的评判标准是千人千面的"好"。品牌能够帮助企业实现竞争优势的跃升，引导企业从注重产品的企业导向转变为注重品牌的顾客导向。找到了正确的方向，企业努力比竞争对手做得更好的过程，更有可能事半功倍，让竞争对手的存在只是为了证明自己有多么优秀。

第二个问题，如何让目标顾客觉得企业比竞争对手做得好？我们找到的答案是：用培育品牌感知承载顾客需求的新变化，通过品牌感性价值升级情感需求，通过品牌挚爱关系简化繁杂过载的信息。最终让目标顾客觉得企业做得好，提升企业努力的效果。具体地，在所有接触点传递品牌核心价值，在目标顾客心智中培育独特、丰富、有意义的整体品牌感知，使品牌从顾客的"选择之一"，到"第一选择"，直至成为"唯一选择"；并为重要利益相关者，包括员工、公众、社区等，赋予因企业的存在而产生的意义。

这个答案的基础是，市场从大众市场演化到分众市场，乃至小众市场的过程中，需求碎片化产生更多可能性，使企业可以针对目标顾客提供价值，并将其培养成粉丝。

第三个问题，如何在充满不确定性的商业环境中保持持久的竞争优势？我们找到的答案是：围绕品牌抓取新机会，扩展影响力，丰富品牌感知、建立品牌组合、构筑品牌生态，建立竞争对手学不去、不确定性事件毁不掉、时间流逝带不走的核心竞争优势。这个核心竞争优势就是品牌资产，它成为累积企业全方位努力的重要载体。基于品牌的努力不断累积，企业的竞争优势得以保持、生长，使企业得以跨越技术、产业和需求周期发展。

这个问题的解决思路是，面对VUCA市场，不确定性越来越高，企业在动荡的市场中更要寻求战略定力，将品牌培育为持久的核心竞争优势。

商业世界中，品牌并非崭新的话题。遗憾的是，我们从未认真领悟品牌的深刻内涵。身处工业革命以来最激荡的时代，企业比以往任何时候都更需要品牌。来自社会、文化、技术、经济……方方面面的变化，为今天的企业带来巨大的挑战。顾客不仅仅需要产品和服务，更需要认同和人文精神；员工不仅仅需要一份工作，更需要价值观和人生的意义；企业自身的存在也不仅仅为了盈利，更在于拥有信念与使命。

企业将变化及挑战转化为增长的重要方法之一，就是建立和发展不断强大的品牌。让品牌为所有利益相关者提供对话平台，帮助人们更深刻地理解企业。

品牌的作用凸显，并且越来越重要。

参考文献

[1] 戴维·阿克. 开创新品类：赢得品牌相关性之战 [M]. 杨岱若，译. 北京：机械工业出版社，2020.

[2] 凯文·莱恩·凯勒. 战略品牌管理（第 4 版）[M]. 吴水龙，何云，译. 北京：中国人民大学出版社，2014.

[3] 克莱顿·克里斯坦森. 创新者的窘境 [M]. 胡建桥，译. 北京：中信出版社，2014.

[4] 沃尔特·艾萨克森. 史蒂夫·乔布斯传 [M]. 管延圻，魏群，余倩，等译. 北京：中信出版社，2014.

[5] 扬米·穆恩. 哈佛最受欢迎营销课：如何打造脱颖而出的品牌 [M]. 王旭，译. 北京：中信出版社，2012.

[6] 中国管理模式杰出奖理事会. 解码中国管理模式 [M]. 北京：机械工业出版社，2011.

[7] 彼得·德鲁克. 管理的实践 [M]. 齐若兰，译. 北京：机械工业出版社，2009.

[8] 王海忠，于春玲，赵平. 品牌资产的消费者模式与产品市场产出模式的关系 [J]. 管理世界，2006(1):106-119.

[9] 于春玲，李泽群，张硕. 中国制造业企业如何成功实施品牌战略：北新建材案例研究 [J]. 营销科学学报，2020, 15(1):122-141.

[10] Aaker D A, Keller K L. Consumer Evaluations of Brand Extensions[J]. Journal of Marketing, 1990, 54(1):27-41.

[11] Baumgarth C. Living the Brand: Brand Orientation in the Business-to-Business Sector [J]. European Journal of Marketing, 2010, 44(5):653-671.

[12] Carroll B A, Ahuvia A C. Some Antecedents and Outcomes of Brand Love[J]. Marketing Letters, 2006, 17(2): 79-89.

[13] Keller K L. Conceptualizing, Measuring, and Managing Customer-Based Brand Equity[J]. Journal of Marketing, 1993, 57(1):1-22.

[14] Lovett M J, Staelin R. The Role of Paid and Earned Media in Building Entertainment Brands: Reminding, Informing, and Enhancing Enjoyment[J]. Marketing Science, 2016(35):142-157.

[15] Muniz A M, O'Guinn T C. Brand Community[J]. Journal of Consumer Research, 2001, 27(March): 412-430.

[16] Neil A M, Lopo L R. Brand Portfolio Strategy and Firm Performance[J]. Journal of Marketing, 2009(73): 59-74.

[17] Stephen A T, Galak J. The Effects of Traditional and Social Earned Media on Sales: A Study of a Microlending Marketplace[J]. Journal of Marketing Research, 2012, 49(5):624-639.

[18] 于春玲，毛川江. 有道词典 C：陪你看世界 [R]. 北京：清华大学经济管理学院中国工商管理案例库，2020.

[19] 于春玲，毛川江. 抢占制高点：北新建材的品牌战略 [R]. 北京：清华大学经济管理学院中国工商管理案例库，2017.

[20] Yu Chunling, Mao Chuanjiang. Ziroom: Creating Quality Rental Living[R], Harvard Business Publishing, 2015.

[21] 于春玲，毛川江. 有道词典 A：后起之秀 [R]. 北京：清华大学经济管理学院中国工商管理案例库，2015.

[22] 于春玲，毛川江. 有道词典 B：社交媒体环境中的数字营销 [R]. 北京：清华大学经济管理学院中国工商管理案例库，2015.

[23] 于春玲，张铮. 六神花露水 A：老品牌面临新挑战 [R]. 北京：清华大学经济管理学院中国工商管理案例库，2014.

[24] 于春玲，张铮. 六神花露水 B：新媒体唤醒国人记忆 [R]. 北京：清华大学经济管理学院中国工商管理案例库，2014.

[25] 于春玲，毛川江. 荣威 550 上市 A [R]. 北京：清华大学经济管理学院中国工商管理案例库，2011.

[26] 于春玲，毛川江. 荣威 550 上市 B [R]. 北京：清华大学经济管理学院中国工商管理案例库，2011.